INOVAÇÃO TRANSCENDENTE

DANIEL
CARDOSO

INOVAÇÃO TRANSCENDENTE

UMA IDEIA É CAPAZ DE **TRANSFORMAR O MUNDO**

CITADEL
Grupo Editorial

2025

Inovação transcendente

1ª edição: Abril 2025

Autor:
Daniel Cardoso

Preparação de texto:
3GB Consulting

Revisão:
Debora Capella
Rebeca Michelotti

Projeto gráfico:
Jéssica Wendy

Capa:
Rafael Brum

Impressão:
Plena Print

DADOS INTERNACIONAIS DE CATALOGAÇÃO NA PUBLICAÇÃO (CIP)

Cardoso, Daniel
Inovação transcendente : uma ideia é capaz de transformar o mundo / Daniel Cardoso. — Porto Alegre : Citadel, 2025.
224 p.

ISBN: 978-65-5047-612-0

1. Desenvolvimento profissional 2. Negócios I. Título

25-1048 CDD 658.11

Angélica Ilacqua - Bibliotecária - CRB-8/7057

Produção editorial e distribuição:

CITADEL Grupo Editorial

contato@citadel.com.br
www.citadel.com.br

SUMÁRIO

INOVAÇÃO TRANSCENDENTE

UMA IDEIA É CAPAZ DE TRANSFORMAR O MUNDO

AGRADECIMENTOS

Com profunda gratidão e humildade, dedico este livro a todos aqueles que tornaram a jornada de *Inovação transcendente: uma ideia é capaz de transformar o mundo* não apenas possível, mas também extraordinariamente significativa. Em primeiro lugar, minha infinita gratidão a Deus, o núcleo de toda a minha força, inspiração e direção. Esta obra é um reflexo da luz divina que orienta meus passos e ilumina o caminho da inovação com propósito e espiritualidade.

À minha amada família, Flávia, Amanda, Ana Luiza e Daniel Filho, dedico esta obra e cada dia de minha jornada. Vocês são meu porto seguro e minha maior bênção! Obrigado pela paciência, pelo amor e pelo apoio incondicional. Sem vocês, as conquistas seriam vazias, e os desafios, insuperáveis.

Agradeço aos meus pais. Vocês são a fonte de tudo que sou! Se sou ousado e destemido no que faço hoje, é porque tive em vocês a referência para romper com as barreiras da dificuldade e trilhar novos caminhos.

Aos meus amigos, verdadeiros companheiros de alma, que compartilharam comigo risos e lágrimas, sonhos e realidades, muito obrigado! Nossa amizade é um tesouro sem preço, fonte constante de alegria e motivação.

Agradeço aos meus colaboradores e mentores, cuja sabedoria, experiência e orientação foram essenciais em cada fase deste projeto. Serei eternamente grato por cada contribuição, cada lição aprendida e cada momento compartilhado.

Este livro é dedicado, também, à comunidade de empreendedores e "buscadores espirituais" que, como eu, acreditam na possibilidade de um mundo melhor por meio da inovação consciente e do desenvolvimento pessoal. Que estas páginas possam inspirar, encorajar e iluminar todos aqueles que se atrevem a sonhar e a agir em nome de um futuro mais próspero, justo e espiritualmente enriquecido.

Finalmente, agradeço a todos os leitores deste livro. Meu desejo é que você possa visualizar a grandeza do seu propósito, capturar as ideias que visitaram sua mente e entrar em ação para, de fato, transformar o mundo!

Com sinceros agradecimentos,

– DANIEL CARDOSO

ENDOSSOS

Veja o que colegas do mundo empresarial, parceiros, empreendedores e líderes espirituais falam sobre Daniel Cardoso e seu livro *Inovação transcendente*:

Voos mais altos

Apresento *Inovação transcendente: uma ideia é capaz de transformar o mundo*, escrito por Daniel Cardoso, um homem de negócios e pai dedicado. Seu sucesso no mundo empresarial é inspirador – um sucesso impulsionado por sua inovação e liderança, equilibrado com sua fé em Deus e seu compromisso com a família. Este livro oferece *insights* valiosos sobre inovação, enriquecidos pela experiência de Daniel e por sua perspectiva transcendente, destinados a inspirar empreendedores, líderes e pais em busca de sucesso em todas as áreas da vida. Tenho certeza de que, ao ler este livro, você será desafiado a voos mais altos. Boa leitura!

– **SANDRO GONZALEZ** é empresário, administrador de empresas, empreendedor social e presidente do Conselho Holding Transpes S/A.

Essência inovadora

Sinto-me honrado em recomendar o livro de Daniel Cardoso, grande amigo, exemplo de empresário e forte incentivador de longos voos. Ele, como verdadeiro empreendedor que é, destaca-se por sua capacidade de enxergar oportunidades onde outros veem obstáculos, enfrentando desafios com coragem e determinação e transformando adversidades em aprendizado. Sua essência inovadora o impulsiona a criar soluções únicas e disruptivas, sempre buscando se destacar no mercado. Além disso, sabe que o caminho para o sucesso é construído em conjunto, cultivando parcerias sólidas e colaborativas. É essa combinação de características e valores que torna Daniel um líder inspirador e visionário – e é isso que ele nos traz em *Inovação transcendente*.

– **DANIEL GERBER** é advogado especializado em *compliance* criminal e relações de consumo de massa, sócio-fundador da Daniel Gerber Advocacia e da Pense Azul – estratégias de aconselhamento e mediação.

Empreendedor nato

Daniel é um empreendedor nato. Seus resultados testificam sua capacidade de sonhar, empreender e realizar. Além de ser um cristão praticante e operante, ele é determinado em seu propósito espiritual. Trata-se de um pai exemplar, um irmão e amigo admirável. Este livro reflete parte do portfólio raro de qualidades do autor e desperta um tema importantíssimo, do qual precisamos cada dia mais. Sugiro a todos a leitura aprofundada do conteúdo.

– **MARCO AURÉLIO VITUZZO** é CEO da MVituzzo Empreendimentos e diretor da Maná Investimentos.

Caminho de sucesso

Com sua notável determinação, Daniel Cardoso trilhou um caminho de sucesso em todas as áreas de sua vida. Seu percurso é um testemunho vivo de como a combinação de esforço pessoal e orientação espiritual pode resultar em realizações extraordinárias. Àqueles que querem cortar caminho e ser integralmente bem-sucedidos, esta leitura é obrigatória!

– **RAFAEL LEAL** é presidente do Conselho do Grupo Santa.

Planejamento e ação

Ao vermos o mundo além do que se mostra na superfície, podemos capturar o que "está querendo aparecer". Encontrar essa realidade que transcende os sentidos e manifestá-la é a chave para fazer grandes negócios. Em seu livro *Inovação transcendente*, Daniel Cardoso nos desafia a acessar esse mundo, onde as ideias nascem – e também nos oferece um plano para executá-las por meio de ações objetivas.

– **JB CARVALHO** é escritor, palestrante, professor, jornalista e bispo da Igreja Comunidade das Nações.

Trajetória inspiradora

Daniel Cardoso é uma pessoa ímpar, capaz de manifestar sua melhor versão em todas as modalidades em que um homem honrado deve se destacar. Sua forma de empreender por meio da fé me inspirou a construir meu legado. Sua resiliência com foco em uma visão espiritual para o mercado é a mais alta expressão da nova geração de empreendedores do capitalismo consciente. Poder se inspirar com a trajetória vencedora desse homem é uma grande oportunidade que o leitor tem por meio do livro *Inovação transcendente*.

– **VICTOR REIS** é fundador e presidente do Grupo Med+ e da aceleradora de negócios SKY Family Office.

Potencial para mudar vidas

Difícil será terminar a leitura de *Inovação transcendente* sem ser transformado por seu conteúdo. Daniel Cardoso nos mostra o valor sobrenatural das ideias e seu potencial para mudar as nossas vidas. Ao nos revelar sua história de sucesso, o autor nos desafia a sair de vez da zona de conforto e cumprir integralmente os propósitos de nossa existência neste mundo.

– **FRED LINHARES** é apresentador de TV, radialista, empresário do setor de comunicações e deputado federal (Republicanos/DF).

Perseverança, ousadia e fé

Sempre acreditei que a perseverança, a ousadia e a fé são essenciais para se construir uma vida vitoriosa – e Daniel Cardoso tem feito delas as ferramentas de sua brilhante trajetória. Em *Inovação transcendente*, somos envolvidos na trajetória do homem que tem sido protagonista de importantes inovações tecnológicas em nosso país e conhecemos o resultado do trabalho de um esposo de caráter provado e pai dedicado, que desempenha com afinco esses nobres papéis. Sua contribuição no universo das startups fez dele referência desse setor e nos ensina que carregamos ativos preciosos conosco, na forma de uma matéria-prima que todos temos: as ideias.

– **REINALDO MORAIS** é empreendedor do agronegócio e autor do best-seller *Segredos de pai para filho* (Editora Impetus).

Chamado à ação

Inovação transcendente é uma obra relevante para todos que buscam não apenas inspiração, mas também princípios para transformar sonhos em realidade. Este livro vai além do convencional ao mostrar que, dentro de cada um de nós, reside um potencial inexplorado capaz de mudar o mundo. Daniel Cardoso, como homem de realizações, nos mostra que nossas ideias têm um valor além da nossa existência, incentivando-nos a partilhá-las e a torná-las tangíveis. O autor nos guia através do processo de desenvolvimento das nossas ideias mais revolucionárias, que guardamos conosco. Este não é apenas um livro; é um chamado à ação para todos que sonham em deixar sua marca no mundo e inspirar vidas.

– **CARLITO PAES** é empreendedor social, professor, pastor da Igreja da Cidade em São José dos Campos (SP), fundador da Rede Inspire de Igrejas e autor de livros como *Máximas para a vida e liderança* (Editora Inspire).

PREFÁCIO

Ter visão de futuro, identificando seu verdadeiro propósito em um mundo repleto de desafios e oportunidades, é o que você encontra na leitura de *Inovação transcendente: uma ideia é capaz de transformar o mundo*. O livro de Daniel Cardoso traz a trajetória de um empreendedor incansável e inovador, que transformou ideias em realidade. Sim, tudo o que ele tem construído tem como base as ideias. Qualquer pessoa tem ideias; a diferença é o que se faz com elas. Há quem as guarde apenas para si, pois não se julga capaz de realizá-las. Já Daniel as tem colocado em prática – e esse é o segredo de seu sucesso.

Com suas empresas, ele tem ajudado muitas pessoas e instituições; desde os seus muitos colaboradores até aqueles que se tornaram seus parceiros comerciais ou empreendedores a quem auxilia. Nesta leitura, somos convidados não só a explorar a mente criativa de Daniel Cardoso, como também a ter *insights* valiosos para identificar oportunidades e criar soluções práticas e eficazes. Sim, este é um livro motivacional – contudo, é muito mais do que isso. É uma obra sobre vocação, propósito e o nosso lugar e papel neste mundo.

Ao mesmo tempo que vamos conhecer um empresário extremamente bem-sucedido, descobriremos alguém que tem um comprometimento profundo com pessoas, cujo olhar é voltado à necessidade do outro. É isso que o autor faz quando cria uma aceleradora de startups ou desenvolve um sistema eficiente para que problemas do dia a dia tenham solução mais rápida, barata e eficaz.

Daniel é um facilitador. E ele faz da tecnologia e da inovação as ferramentas para a excelência. Este livro destina-se àqueles que estão insatisfeitos com sua posição atual, com o emprego que têm e com os resultados que obtêm de seus esforços. A leitura de *Inovação transcendente* terá alcançado seu objetivo se tirá-lo da zona de conforto e silenciar as vozes limitantes que você tem ouvido – grande parte delas ditas por você mesmo. Compreender que inovar e criar não são privilégios exclusivos de poucos, mas podem ser uma forma de enfrentarmos limitações e utilizarmos os recursos que temos disponíveis, independentemente das circunstâncias, é o que nos permitirá fazer sempre o melhor.

Que este livro seja fonte de inspiração e alcance aqueles que realmente desejam fazer a diferença. Afinal, ideias transformam o mundo. Gosto disso!

Daniel Cardoso, eu honro sua vida.

- **MÁRCIO MICHELI** é especialista em inteligência emocional e comportamento humano e autor dos livros *Tríade do poder* e *Passado resolvido, futuro decidido*.

ACREDITE EM SUAS IDEIAS!

A proposta de escrever este livro nasceu, em primeiro lugar, de uma chamada pessoal; algo que diz respeito à minha vocação. Sou um empreendedor da área de tecnologia, e minha inclinação, por assim dizer, sempre foi a de descobrir, desenvolver e investir em inovações tecnológicas. Mais que uma vocação, aliás, é uma questão de posicionamento diante da vida. Sempre tive uma mente inquieta para criar coisas. Minha atenção e energia são despertadas quando encontro uma demanda que exige solução. Foi assim, por exemplo, quando desenvolvemos o primeiro estacionamento rotativo digital do país, por volta de 2014. Essa solução para o crescente problema da mobilidade urbana foi ideia nossa e acabou virando o primeiro projeto do gênero.

Da mesma forma, criamos o primeiro dispositivo de segurança preventiva (DSP) para evitar violência contra mulheres, por meio de um aplicativo de celular. Já existiam soluções muito caras e complexas, que dependiam de hardware especializado para funcionar. Pensando em eficiência, desenvolvemos um aplicativo usando o celular das próprias mulheres – protegidas pela Lei Maria da Penha – e trazendo uma solução mais barata e mais robusta do que as anteriores. Quando montamos a primeira plataforma de streaming de nicho do mercado, atrelada à estratégia de marketing de afiliados para crescimento de assinantes, "mexemos no jogo" novamente. Assim aconteceu também com o sistema que criamos de Gerenciamento de Metas, o primeiro Gerenciador Eletrônico de Documentos (GED) com inteligência artificial, aplicada para melhoria das imagens escaneadas, corte de bordas em imagens, OCR, endireitamento de imagens capturadas etc.

Outros exemplos de ideias que trouxemos para o mundo real, desde a concepção até a existência e implementação, foram nosso aplicativo de *crowdfunding* solidário e que permite levar atendimento médico em domicílio; o Sistema de Registro de Ativos Financeiros negociáveis; a plataforma de medição de esforço para desenvolvimento de software, e muitos outros. Os produtos que meu grupo vende são, basicamente, criações minhas, inclusive vários se tornaram revolucionários. Não há um segredo, por assim dizer; simplesmente, procuro coisas que não funcionam, ou que funcionam de maneira insatisfatória, necessitando de significativa melhoria, e me dedico a desenvolver soluções que de fato funcionem. Pode-se dizer que sou uma espécie de "caçador de ineficiências".

Várias vezes, criamos produtos a partir da observação das dificuldades que as pessoas enfrentam no cotidiano, até mesmo nas atividades aparentemente mais simples. Tenho um produto para o mercado bancário que provocou uma revolução no registro de ativos financeiros. Quando começamos a elaborá-lo, esses títulos levavam até quinze dias para serem registrados, o que é uma eternidade para a era digital em que vivemos. Um processo moroso, à base de papel, mas que, como se diz, "sempre foi feito daquele jeito". Quando aquilo chegou a mim, vi uma oportunidade. Era espantoso que o processo fosse feito, ainda, em papel. O detalhe é que já havia legislação que permitia o uso de tecnologia eletrônica naquela atividade, mas ninguém tinha explorado aquilo. Então, fui lá, criei o software, patenteei e, hoje, praticamente todos os bancos no Brasil são meus clientes.

Este é o meu diferencial competitivo: inovação. Antes que um dos maiores bancos brasileiros instalasse sua área de inovação, eu já havia feito isso, com base na noção de laboratório interno – ou seja, um time reunido para pensar em soluções o tempo inteiro –, hoje tão disseminada. Há uns dez anos, percebi que era possível testar limites e criar coisas o tempo todo. Nossa ideia era ver o que poderia ser melhorado. Essa percepção surgiu da constatação, óbvia, de que ninguém pode ter a pretensão de controlar a inovação. Com a difusão inimaginável da informação em nosso tempo, todo mundo está inovando. O que você pensa aqui, no Brasil, está sendo idealizado, neste exato instante, em Taiwan, na Suécia, na África do Sul, no Canadá... A única maneira de não perder o bonde da história é atrair a iniciativa de pessoas que estão criando coisas o tempo todo e trazer toda a informação disponível para perto de nós.

O conceito de startups é exatamente esse. Todavia, não me limitei a montar uma, já que o potencial dessas geradoras de negócios é imensurável. Por que, então, não promover mais inovação ainda, atuando na sua origem? Então, criei uma aceleradora de startups. Minha ênfase profissional é de que o conhecimento e a recompensa andam juntos. Desse modo, quando me aproximo de uma empresa, não me apresento apenas como um investidor, embora também o seja; o que proponho são transformações. Quero investir no negócio, mas desejo ir além, mostrando aos seus gestores que, além do aporte de recursos, posso fazer aquela ideia dar certo. Nesse processo, o dinheiro está embutido. Se eu fizer algo que tem valor, que seja a solução para os demais envolvidos no empreendimento e resolva a vida do cliente, o lucro é consequência. Assim, cada solução bem-sucedida será reconhecida e recompensada.

O detalhe é que a oportunidade pode estar em qualquer lugar e surgir a todo instante. Devido à natureza do meu trabalho, viajo muito e tenho contato com bastante gente. Converso com todo mundo, dos grandes empresários e donos do capital aos trabalhadores tidos como secundários – o garçom, a ascensorista, o atendente do escritório. Gosto de entender a cabeça das pessoas, saber o que pensam, qual é a sua cosmovisão. Muitas vezes, tenho a oportunidade de conversar com taxistas, profissionais que, normalmente, adoram puxar assunto com os passageiros. Certa vez, em São Paulo, o motorista do táxi que tomei me perguntou o que eu fazia. Quando respondi que era empresário do ramo da tecnologia, pude ver, pelo retrovisor, que seu rosto se iluminou: "Puxa, é bom saber que o senhor trabalha com essas coisas. Sabe que eu tive uma ideia?". E o homem começou a falar sobre um tipo de aplicativo para transporte particular de passageiros que era, simplesmente, fantástico, com uma forma de cobrança e remuneração muito inteligente.

Quando comecei a incentivá-lo a tocar sua ideia para a frente, porém, ele veio com aquela afirmação limitante que estou cansado de ouvir: "É, mas isso não é para mim. É para gente como o senhor, doutor. O senhor consegue fazer; eu, não...". É exatamente esse tipo de pensamento limitante, além da já citada vocação, que me motivou a escrever o livro *Inovação transcendente: uma ideia é capaz de transformar o mundo*. Há milhões e milhões de pessoas por aí gerando ideias excelentes, tendo pensamentos fora da curva e elaborando, mesmo sem saber, projetos sensacionais. Outro dia fui servido por um garçom que me falou de uma ideia que teve acerca de um software voltado à otimização do atendimento em restaurantes. Era algo que me pareceu genial! Porém, ao fim da conversa, ele disse que tinha esperança de que alguém – que não ele –, um dia, fizesse algo que ele mesmo imaginara.

A falta de recursos, a escassez de tempo, a formação escolar precária ou, simplesmente, impossibilidades não especificadas é que impedem que surjam os inovadores que nos apresentarão as soluções de que necessitamos. Essas pessoas não sabem que podem transformar o mundo! Quero, portanto, provocar o leitor a acreditar em suas ideias. Se você foi capaz de sonhar, você é capaz de realizar! O título deste livro não foi escolhido por acaso; muito menos é um recurso de retórica. O transcendente toca o imanente por meio de nossas ideias, de nossa mente. Deus escolheu agir no mundo por nosso intermédio. Repare que tudo o que existe – a caneta, o computador, o antibiótico, os óculos, o automóvel – nasceu, primeiro, na cabeça de alguém. Mentes humanas são como portas de acesso ao novo, ao que nunca foi pensado ou experimentado. Nada é mais forte na existência do que uma ideia.

Portanto, ideias transformam o mundo, e não apenas para melhor; elas podem trazer riqueza ou causar pobreza, elevar o ser humano a patamares jamais imaginados ou extinguir a nossa espécie. Sim, existem a ideia boa e a ideia ruim – mas esta última só pode ser superada por uma ideia melhor. As ideias transcendem nossa própria existência, pois não há como eliminá-las. Ainda que seu criador seja morto, ela continuará existindo se, de alguma forma, for compartilhada. Daí a necessidade de passar adiante as suas ideias, trazendo-as à existência. Este livro, portanto, destina-se a dizer às pessoas que elas podem não só ter ideias como também qualificá-las, desenvolvê-las e colocá-las em prática. Somente assim, tirando-as da mente e trazendo-as para o mundo concreto, será possível descobrir se suas ideias são boas – e, se elas o são, tenha uma certeza: vale a pena investir nelas.

– DANIEL CARDOSO

CAPÍTULO 1

O TRANSCENDENTE E O IMANENTE

APRENDA A IDENTIFICAR AS VOZES QUE CHEGAM ATÉ VOCÊ E SUPERE AS CRENÇAS LIMITANTES

CRIATIVIDADE É A ARTE DE CONECTAR IDEIAS.

– **STEVE JOBS**, megaempresário da informática entre os séculos 20 e 21

"Acho que eu seria capaz de fazer isso." Quantas vezes, na vida, você já teve esse tipo de pensamento diante do anúncio de uma novidade tecnológica ou do surgimento de um novo tipo de processo que facilita o trabalho, aumenta a renda ou proporciona bem-estar às pessoas? Você até teve uma ideia parecida e que, se desenvolvida, tinha boa possibilidade de chegar àquele resultado, mas... Não fez nada. "E olha que eu tive essa ideia", você pensa, com um quê de frustração, ao ver os excelentes resultados de uma iniciativa alheia bem parecida com aquilo que você pensou. Pois é – ideias são ferramentas divinas compartilhadas com o ser humano e capazes de mudar o mundo. Elas são como sementes celestiais, derramadas a todo momento sobre todas as pessoas, em cada canto deste planeta. Não existe uma única pessoa que não tenha tido boas ideias em diferentes fases de sua vida – desde a criança que descobre que, se montar uma rampa com uma tábua apoiada em um pneu, fará com que o carrinho chegue mais longe, até o cientista que encontra uma maneira revolucionária de obter mais energia a partir das mesmas moléculas de combustível antes empregadas sem o mesmo proveito.

Isso quer dizer que o transcendente visita o imanente por meio das ideias. No contexto filosófico e metafísico, os conceitos de transcendência e imanência são frequentemente utilizados para descrever a relação entre o divino, ou o espiritual, e o mundo material. No entanto, esses conceitos também podem ser aplicados de maneira mais ampla para compreender a relação entre ideias abstratas e sua implementação no mundo físico, como no caso do desenvolvimento de produtos de startups. A transcendência se refere à ideia de ir além dos limites da experiência ou da realidade material. Muitas vezes, é associada à ideia de algo que está além da compreensão humana ou do mundo físico. No contexto das ideias abstratas para, por exemplo, produtos de startups, a transcendência pode ser vista como a fase conceitual e criativa em que as ideias são geradas, muitas vezes partindo de concepções inovadoras e visionárias que ultrapassam as limitações do *status quo*.

A imanência, por outro lado, refere-se à presença e operação de algo dentro dos limites da experiência ou da realidade material. Logo, a imanência está atrelada ao próprio mundo físico. Ao relacionarmos isso, novamente, ao desenvolvimento de produtos de startups, a imanência pode ser vista como a etapa prática e executiva em que as ideias transcendentais são trazidas para o domínio tangível, materializando-se em produtos concretos. Ela entra em cena, portanto, quando essas ideias transcendentes são implementadas no mundo físico. No caso de um produto, isso envolve o desenvolvimento de protótipos, a criação de modelos de negócios, a captação de recursos, a contratação de equipes e a produção real do negócio – ou seja, entrar em ação! A imanência representa a concretização das ideias no tecido da realidade tangível, transformando concepções abstratas em algo palpável e utilizável.

DESDE CEDO,
ENTENDI QUE AS PESSOAS
QUE TRANSFORMAM O
MUNDO SÃO AS QUE NÃO
TÊM MEDO DE ERRAR.

Inovação transcendente – **DANIEL CARDOSO**

EXISTEM IDEIAS BOAS E RUINS – E SOMENTE A PRÁTICA VAI SEPARAR UMAS DAS OUTRAS.

Inovação transcendente – **DANIEL CARDOSO**

Em suma, a transcendência e a imanência refletem o movimento entre a concepção visionária e a materialização prática. É a interação entre o pensar além dos limites estabelecidos e a realização efetiva dessas visões no mundo físico que impulsiona a inovação e o progresso empreendedor. A transcendência toca a imanência e cria realidades a partir de nossas ideias. Cabe a nós trazê-las ao mundo físico. Elas – as ideias – vão recompensar aqueles que as ouvirem. Isso é o que leva à inovação. Ora, as inovações nada mais são do que ideias que foram implantadas, entre erros e acertos, mas sempre de maneira persistente, até que se tornem capazes de alcançar o benefício pretendido – seja o lucro, sejam as melhorias nas condições de trabalho ou na convivência entre as pessoas, o avanço na área da saúde que irá curar doenças ou, simplesmente, aquilo que nos fará viver melhor. Qual é a diferença entre o ótimo resultado obtido pelo técnico lá do Japão e o seu, que teve a mesma ideia aqui no Brasil, mas não a executou? A diferença é exatamente esta: ele entrou em ação a partir da visão transcendente que recebeu, e você, não. Aqui está, exatamente, a matéria-prima com a qual precisamos trabalhar o tempo todo: a ideia. O técnico japonês se alinhou àquela ideia, levou-a adiante, investiu o tempo e os recursos necessários à sua realização e tornou-se, portanto, capaz de colher os frutos que ela lhe proporcionou. Todavia, no seu caso, sua ideia ficou apenas no terreno do transcendente, ou seja, você não a materializou, trazendo para o imanente. Pode ser a melhor sacada da história; porém, se deixada inativa, não vai conduzi-lo a lugar algum. Já o seu concorrente japonês permitiu-se tocar pela transcendência – e foi além dos limites tidos como "normais", entrando em ação, superando a inércia e excedendo a natureza concreta das coisas.

Tenho visto pessoas tidas como comuns que têm ótimas ideias, desde a recepcionista do consultório que pensou em um sistema pelo qual é possível remarcar as consultas de retorno automaticamente e em conexão com a agenda do médico até o comerciante que concebeu um sistema menos dispendioso de estocagem de produtos. Contudo, bem poucas dessas pessoas chegam a, efetivamente, colocar em prática o que pensaram. Elas tiveram um lampejo, uma centelha; no entanto, deixaram a semente cair longe da terra fértil, onde não pode germinar. Por que a pessoa se sente incapaz e não deixa que aquilo que lhe é imanente seja tocado e potencializado pelo transcendente? Basicamente, porque segue crenças limitantes, como "eu não posso"; "não tenho tempo"; "falta-me dinheiro" etc. Assim, diante da impossibilidade que elas próprias criam em torno de si, acabam terceirizando a ideia, como aquele motorista que me contou de um projeto genial que pensou acerca de sua atividade – mas que, encolhendo os ombros, terminou sua fala dizendo: "Pena que isso não é para mim. Mas o senhor consegue, doutor!".

Crenças limitantes fazem com que toda a energia do indivíduo seja canalizada para a impossibilidade. Simplesmente ele acredita que não é capaz de realizar o que idealizou, embora seja genial e tenha identificado um *gap* ainda não percebido pelos outros. No entanto, vê-se preso a uma realidade imobilizante. É claro que vivemos em uma sociedade desigual, em que milhões de pessoas precisam despender energia em grandes deslocamentos até o trabalho, ganham pouco e têm grandes inseguranças quanto ao sustento da família. A grande maioria delas precisa trocar sua força vital por um salário. Além disso, o sujeito vem de uma realidade desestimulante, em que o pai e o avô não foram capazes de romper o círculo e fazer algo diferente – pior ainda, é isso que ele projeta para os filhos. Não estou querendo sugerir que alguém largue tudo para seguir uma ideia, mas que tal criar um caminho paralelo para chegar aonde você deseja? O que existe diante de nós é um fosso que separa o lugar onde estamos daquele aonde sonhamos chegar. Você pode não o identificar de início, mas tenha uma certeza: existe um caminho. Infelizmente, a busca por esse rumo é trocada por um salário que, no fim das contas, mal dá para sobreviver – quanto mais para realizar algo.

Então, por que não conviver com as duas coisas? Não queremos estimular ninguém a largar o emprego para se tornar empreendedor. Porém, pode ser criada uma ponte entre essas duas condições, a fim de que a segunda realidade venha à tona. O que se pode fazer para que a mentalidade de quem se vê como empregado passe a funcionar na possibilidade de ele ser não só um empreendedor como, quem sabe, até um empregador? A isso chama-se mudança de *mindset*. Esse é um termo derivado do inglês que significa algo como um modelo (padrão) mental, isto é, a maneira como a pessoa enxerga a vida e a si mesma. Fracasso ou sucesso, aí entendidos no contexto da execução das próprias ideias, e o consequente benefício disso, estão diretamente ligados ao *mindset* de cada indivíduo.

O que propomos, por meio de nossos empreendimentos, palestras, reuniões e, agora, com este livro, é transformar as ideias em ações. Saiba que ideias têm vida própria e uma existência que vai além da de seu idealizador. Mesmo que uma pessoa deixe de existir, as ideias que ela compartilhou e realizou sobreviverão à sua ausência. Tem sido assim desde que o mundo é mundo. Tudo que temos e usamos hoje foi concebido e trazido à existência por pessoas que viveram – e morreram – muito antes de nascermos. E o que fez com que essas ideias tenham resistido ao tempo, com os necessários aperfeiçoamentos e adaptações, a ponto de chegar aos nossos dias? Simples: elas foram colocadas em prática.

A permanência das ideias

Ideias, portanto, são permanentes. Só existe uma maneira de matar uma ideia: não deixar que ela nasça. Se ficar apenas no chamado campo das ideias, sem entrar no mundo verdadeiro e sem sair da cabeça para a ação, estará morta. Existem ideias boas e ruins, por certo – e somente a prática vai separar umas das outras. A excelente notícia é que, se uma ideia se mostrar ruim pela prática, pode ser aperfeiçoada ou substituída por outra melhor. Todavia, aquela ideia nasceu; ela existe! Do contrário, nem saberíamos que, um dia, alguém pensou naquilo.

Por que, em um país como o nosso, pleno de recursos naturais, com um parque empresarial e industrial dos mais diversificados e uma das maiores populações do mundo, há relativamente tão poucas pessoas empreendendo no mercado e um número tão reduzido de startups? Questão de *mindset*. Em nosso modelo de sociedade, fomos educados com crenças limitantes. Ensinaram-nos que melhor do que realizar boas ideias com esforço e inteligência é usar o tempo e a energia mental para estudar para um concurso público. Crescemos ouvindo que a melhor coisa da vida é nascer em uma família com recursos financeiros, para que não tenhamos a necessidade de trabalhar – ou, então, trabalhar bem menos. O Brasil nunca chegará a ser uma potência industrial, porque sua vocação é a de exportador de matérias-primas, o chamado "celeiro do mundo". Quem nunca ouviu isso?

Nos Estados Unidos, é comum ver crianças ainda pequenas que montam uma barraquinha de limonada na frente de casa. Eles entendem, desde cedo, que podem criar algo que tenha valor. A ideia é que alguém que vai passar por ali está com sede e vai querer a limonada – e a lógica simples, mas verdadeira, é que a oportunidade de tomar o suco desperta no cliente o desejo de consumir. Então, os pequenos empreendedores americanos da limonada descobrem que podem ser donos de algo, o que é fantástico! Ainda que a renda auferida sirva apenas para reabastecer o estoque de limões ou, quando muito, comprar figurinhas, aquelas crianças terão uma satisfação imensa ao verem um pequeno objetivo realizado. É uma mudança de *mindset*: em vez de ficar em casa nas horas livres, assistindo TV ou brincando, a criança pensa que alguém precisa de um serviço que ela pode prestar. Então, mobiliza os recursos que tem à disposição – a madeira que está no fundo do quintal, a jarra da mãe, a ajuda do pai na marcenaria – para criar alguma coisa!

Hoje Deus tem me abençoado com uma capacidade de trabalho e realização de ideias que proporciona uma boa condição financeira. Porém, nem sempre foi assim. Não vim de uma família rica. Minha vida, na infância, não era de extrema escassez, mas também não havia abundância, e tive de conviver com a mentalidade da impossibilidade. Aquilo colocava um limite em tudo: "Não dá para fazer"; "isso é complicado"; "você vai ter que *ralar* mais do que os outros" – esse tipo de visão rasteira foi o que recebi desde que me entendo por gente, e tive de lutar contra ela.

PONTO DE AÇÃO

Muitos de nós viemos de origem humilde, oriundos de famílias sem muitos recursos financeiros ou possibilidades de crescimento. É uma realidade que não pode ser mudada – o que pode, e deve mudar, é nossa atitude diante do fato. Podemos nos conformar aos limites que enxergamos à nossa volta ou promover uma mudança de *mindset*, criando oportunidades e trabalhando para transformar nossa realidade.

Antônio Alberto Saraiva, empresário nascido em Portugal, veio para o Brasil ainda bebê, quando seu pai buscava oportunidades que sua terra não lhe oferecia. A família sofreu um abalo quando o pai foi morto em um assalto, na padaria que montara. Tudo parecia perdido quando Saraiva se lembrou da frase sempre repetida pelo pai: "Não desista; é preciso caminhar". Ainda estudante, Saraiva resolveu tocar o empreendimento, adotando como diferencial a política do preço baixo para vencer a concorrência e se estabelecer. Começou a fazer pastéis, pizzas e outros gêneros de consumo rápido. A estratégia da venda de comida *fast food* barata fez enorme sucesso, e Saraiva criou o Habib's, rede com mais de quatrocentas lanchonetes espalhadas pelo país. Em um ano, o Habib's chegou a vender seiscentos milhões de esfirras, produto que é seu carro-chefe.

VISÃO TRANSCENDENTE

Que tal prestar mais atenção às suas ideias? Para isso, a primeira coisa a fazer é superar as crenças limitantes que lhe foram passadas ou que você foi incorporando em seu *mindset* ao longo da vida. Essa crença pode ser em relação a uma suposta falta de inteligência ou às carências materiais – contudo, todos os seres humanos, o que, evidentemente, inclui você, são tocados pela transcendência na forma de ideias. Depois, acredite que a ideia que você teve deve ser posta em prática. Não se preocupe se ela vai "dar certo" ou não; isso só o tempo e a execução é que vão mostrar. Grande parte de nossas ideias não demanda excessivo empenho de tempo e recursos para sair de nossa mente e ser colocada em prática – na maioria dos casos, você será, sim, capaz de realizar o que idealizou.

IDEIAS TÊM VIDA PRÓPRIA E UMA EXISTÊNCIA QUE VAI ALÉM DA VIDA DO SEU IDEALIZADOR.

Inovação transcendente – **DANIEL CARDOSO**

AS IDEIAS SÃO PERMANENTES. SÓ EXISTE UMA MANEIRA DE MATAR UMA IDEIA: NÃO DEIXAR QUE ELA NASÇA.

Inovação transcendente – DANIEL CARDOSO

CAPÍTULO 2

PROPÓSITO X PROPOSTA

QUE TAL AUMENTAR O ALCANCE DAQUILO QUE VOCÊ NASCEU PARA FAZER?

“

TODAS AS GRAÇAS DA MENTE
E DO CORAÇÃO SE ESCAPAM QUANDO
O PROPÓSITO NÃO É FIRME.

”

– **WILLIAM SHAKESPEARE**, poeta e dramaturgo
inglês dos séculos 16 e 17

Cresci em um bairro de Brasília chamado Guará. Certa vez, montei um clube de ciências na rua onde eu morava e chamei todos os meninos para participar. Estudava com eles, sonhando com o que seríamos no futuro. Eu gostava da ideia de futuro! Aliás, sempre fui do futuro. Gosto de falar do que está lá na frente, porque isso estimula sonhos. Comecei uma empresa ainda adolescente, com mais dois amigos. Criamos uma *software house* para desenvolvimento de programas de computador sob encomenda. Trabalhávamos como programadores em uma grande empresa de tecnologia do país, com contratos importantes em Brasília, e resolvemos começar uma aventura, ofertando nossos serviços para outras empresas que necessitavam desenvolver seus sistemas internos. Conseguimos faturar um bom dinheiro e desenvolver alguns sistemas, mas não tínhamos a maturidade necessária para conduzir um negócio; por outro lado, não queríamos abrir mão do salário do nosso emprego principal, o que fazia com que relegássemos a nossa recém-criada empresa a um papel secundário. Atuávamos nela apenas nos horários livres, e, obviamente, a iniciativa naufragou.

No entanto, aquele fracasso me foi muito educativo. Todo empreendedor consciente sabe que a derrota de hoje tem potencial para servir como o aprendizado que vai levar ao sucesso de amanhã. Ali comecei a entender a tensão entre proposta (o hoje) e propósito, ou seja, aquilo que nasci para ser e fazer e que consumirá todo o meu amanhã. Naquela ocasião, o salário que recebia – em outras palavras, minha entrada de recursos regular e segura – falou mais alto e deixei de lado o que viria a ser, de fato, a minha vida como empreendedor.

Daquela maneira, não tinha como dar certo! Acontece que o primeiro, digamos assim, insucesso da minha trajetória profissional não me desanimou – ao contrário. Desde cedo, entendi que as pessoas que transformam o mundo são as que não têm medo de errar. Quem realmente alcança a vitória tem histórias de derrota para contar. Pessoas de sucesso questionam esses limites – e isso envolve, eventualmente, fracassar. Todavia, é o fracasso que abre o caminho para o lugar certo aonde você precisa chegar.

Pouco tempo depois que aquela empresa juvenil faliu, recebemos, em nossa casa, a visita de um homem que vinha de Pernambuco. Era um homem meio estranho, de cuja aparência lembro bem; ele tinha um bigode enorme. Eu, ainda um adolescente que dormia a tarde toda, vi minha mãe chegar com o desconhecido. Ele disse que tinha algo grandioso para me entregar e começou a dizer que existia um plano para a minha vida; falou sobre família e alguns questionamentos que eu fazia sobre o meu futuro, embora fosse muito jovem. Ele era um homem de forte espiritualidade e me entregou uma palavra contundente, muito forte. E eu ali, completamente estarrecido, olhava aquela cena, os detalhes que ele dava sobre tudo que eu vivia...

PERCEPÇÕES NOS CHEGAM POR MEIO DE VOZES – E VAI VENCER AQUELA A QUE VOCÊ DER OUVIDOS.

Inovação transcendente – **DANIEL CARDOSO**

VOCÊ ESTÁ DEIXANDO DE VIVER UM PROPÓSITO PARA VIVER UMA PROPOSTA?

Inovação transcendente – **DANIEL CARDOSO**

O visitante disse, também, que previa uma grande empresa na minha vida, um empreendimento que iria ajudar e alimentar muita gente. Mas o tempo passou, e eu praticamente me esqueci daquele episódio. Muitos anos depois, contudo, criei a Logo IT, que é a empresa que começou tudo. Foi só depois de aquela iniciativa funcionar que me lembrei do pastor bigodudo que havia anunciado tudo aquilo. Criei muitos produtos que deram certo, como a primeira Zona Azul digital do Brasil, com patente minha. Na época, esse projeto rendeu um faturamento de mais de R$ 5 milhões. Até o nosso produto de Zona Azul ser criado, as soluções existentes consistiam em talões de papel – e, na melhor das hipóteses, parquímetros. Fomos disruptivos no mercado, criando um aplicativo e uma plataforma de gestão integrada, com o uso de dispositivos QR Code nas vagas de estacionamento e uma *wallet* para recarga financeira. Criamos uma revolução. Subimos o patamar desse tipo de negócio!

Depois, veio o SIREC, uma plataforma de registro de ativos financeiros que catapultou uma de minhas empresas à condição de uma das maiores registradoras do Brasil. O SIREC trouxe, da mesma forma, uma grande inovação para o mercado de registro de ativos. Até então, as soluções existentes eram burocráticas e vinculadas à circulação de papel. Estudei o tema, entendi as possibilidades que as legislações recém-publicadas traziam quanto à utilização de documentos eletrônicos e ao fortalecimento da assinatura digital e da certificação digital, e desenvolvi uma sistemática totalmente digital para resolver aquele problema, elaborando um documento que nascia digital e tinha todo o seu ciclo de vida gerenciado na plataforma. Uma verdadeira revolução, a ponto de todos os *players* do mercado seguirem na linha do precedente que criamos.

DNA da inovação

Finalmente eu havia alcançado o sonhado status de *player* nacional! Eram a imanência e a transcendência gerando frutos palpáveis, materiais. A Logo IT surgiu da ideia de fazer para mim mesmo o que eu já fazia, com excelência, para os outros: investir no meu sonho já tendo feito o meu melhor em prol dos sonhos de alguém. Eu era gerente de fábrica de software em uma das maiores empresas de tecnologia do país, à época, quando surgiu uma mudança significativa na forma de contratação de TI pelo governo federal, o que modificou radicalmente o mercado. Até aquele ponto, empresas de serviço de TI eram praticamente empresas de recursos humanos – selecionavam talentos dentre técnicos de informática e os encaminhavam aos órgãos públicos, onde detinham contratos, sem a preocupação básica com o desempenho ou a entrega de resultados. Dizíamos que "contavam cabeças" para emitir suas faturas. A partir de 2008, com a nova orientação, as empresas precisavam saber entregar produtos desenvolvidos, tanto a documentação quanto o software, testados e prontos. Isso quebrou muitos empreendimentos que não estavam preparados para uma mudança tão radical.

Acontece que o mercado costuma premiar aqueles que aproveitam as aparentes dificuldades para criar oportunidades. Por já ser conhecido como um gestor de tecnologia que dominava o processo de desenvolvimento de software e conseguia garantir resultados em minhas operações, fui convidado a compor um grupo de notáveis, com o mesmo perfil, para atender às empresas que detinham os contratos mas não sabiam o que fazer diante daquele cenário. Portanto, nascemos grandes! Formalizamos a empresa, atendemos aqueles primeiros contratos e demos resultados robustos para nossos clientes de tecnologia, desde o início. Fomos ganhando espaço, principalmente no mercado bancário, que era um grande foco de atuação para nós, e... não paramos mais. Acabamos por atuar em treze estados brasileiros, com contratos diversos e vários produtos lançados, o que nos posicionou como uma das mais proeminentes empresas de tecnologia do país.

Os tempos de empresário *teen* fracassado estavam definitivamente superados! Depois, criei a Logo Aceleradora, com a qual passei a investir no sonho de outras pessoas, sempre na área de tecnologia. Com o DNA da inovação no sangue, tornamo-nos uma das primeiras corporações a criar um laboratório de inovação interno, com um time dedicado à elaboração de soluções e novos produtos. Com o passar do tempo, entendemos que não conseguiríamos controlar a inovação, dado que o transcendente estava visitando o mundo físico em uma escala descomunal, com diversas iniciativas inovadoras acontecendo em todo o mundo. Decidimos, então, criar a Logo Aceleradora, para atrair a inovação para perto de nós. Fizemos um *coworking* gratuito, fora do eixo central em Brasília, dando oportunidade a pessoas que não tinham condições financeiras de utilizar uma excelente estrutura para que suas ideias pudessem fluir. O passo seguinte foi a abertura de *batches* de aceleração, com teses fixadas, e então passamos a investir em startups que tinham bom time, bom software e um negócio promissor.

Hoje ajudo meus semelhantes a realizarem seus sonhos colocando as próprias ideias em execução, o que me dá enorme satisfação e senso de propósito na vida. Ainda há muitas ideias minhas a colocar em prática daqui por diante; mas já posso olhar em perspectiva e tirar algumas conclusões. Uma delas é que existe um lugar bom para muitos e um lugar ruim para você, caso se contente com sua condição de hoje. Esse tipo de percepção nos chega por meio de vozes – e vai prevalecer aquela voz à qual você mais der ouvidos. A sua mente é a sua realidade, pois você cria ideias ou destrói sonhos por meio dela. Não existe nada além da mente. A pessoa que crê na escassez faz de tudo para não dar certo, mesmo quando trabalha incessantemente. Já as que buscam as possibilidades e fazem coisas grandiosas são capazes de questionar os absolutos. Questionei desde cedo essa visão limitante que me passaram. Sempre tive espírito empreendedor e sentia a presença da vocação. Hoje colho frutos dessa decisão.

Que tal aumentar o alcance daquilo que você nasceu para fazer? Você está deixando de viver um propósito para viver uma proposta? Antes de mais nada, é preciso diferenciar bem o que são esses dois termos; embora parecidos na forma, são bem diversos no significado. O termo "propósito" vem do latim *proponere*, que significa destino, no sentido da linha do horizonte da sua existência; é aquilo que você foi programado, capacitado e ativado para alcançar. Caso consiga alinhar-se a esse propósito, você colherá os resultados que ele contém. Já a proposta é trocar o amanhã pelo hoje; é como comer as sementes agora, em vez de plantá-las para ter mais fartura depois. Quem vive por propostas é instável, agitado pelo vento, e tende a abandonar o propósito por uma oferta imediata – de dinheiro, de prazer, de notoriedade. A proposta desvirtua o propósito!

Isso acontece porque as pessoas não se perguntam para que nasceram, ou seja, qual é o seu propósito nesta existência. Desde pequenas, são instruídas a buscar o sucesso, embora a maioria não seja capaz de determinar o que seria isso no seu caso específico. Muitos recorrem às definições clássicas, como ter fortuna, fama ou poder. Naturalmente, sucesso pode passar por esses elementos; mas reduzir o conceito apenas a eles é, em si, uma crença limitante. E é a desconexão com nosso propósito que faz com que, em vez de vivermos, apenas sobrevivamos.

Quantas vezes você tinha algo grande a fazer dentro de si, uma ideia que poderia ser revolucionária, mas deixou de realizá-la? Isso está longe de ser confortável. Há quem pense, por necessidade ou visão equivocada, que tudo se resume ao dinheiro. É gente que pensa no aqui e agora: o que pode me dar dinheiro rápido? Vender docinhos, dirigir por aplicativo, fazer transporte escolar? Nada contra nenhuma dessas dignas atividades, que têm sido a porta de entrada para muitos no empreendedorismo – porém, é o tipo de ação de curto e médio prazo que tende a garantir apenas sua sobrevivência e afastá-lo de sua verdadeira vocação.

Se sua mente lhe diz o tempo todo que "amanhã vai faltar", esse é um bom indicador de que você não é a estrela de sua própria história, mas mero coadjuvante, até mesmo descartável. E aí, fica a cargo de outras pessoas dizerem o quanto você vale, o que muito provavelmente será algo aquém de suas potencialidades. Mas quando sabe quem realmente é, você é quem vai estabelecer o seu valor, o preço do seu tempo, a justa contrapartida monetária de suas atividades.

Lugar de força

Vocação é voz em ação. Há, como já vimos, outras vozes – a voz da impossibilidade, a voz da acomodação, a voz da crença limitante. Você precisa saber identificar as palavras que constroem seu sonho – aquelas que se alinham com a sua vocação – e descartar as outras. Certa ocasião, tive de aprender a identificar as vozes que estavam a meu favor e silenciar as que vinham de encontro a mim. Quando era pequeno, ouvi algumas comparações com meu primo, tido como mais capaz. Só que eu sabia que não era verdade, pois já compreendia a forma como eu via a vida. Sabia que estava vendo além do que aqueles que me julgavam podiam enxergar. Como eu era resistente a trabalhos mais braçais, preferindo sempre atividades que requeriam mais capacidade mental, cheguei a ser tido como preguiçoso. Porém, sabia que meu chamado era para pensar, trabalhando com minha mente e inteligência para transformar a realidade ao redor. Simplesmente me recusava a crer no que me diziam em relação a isso. No fundo, no fundo, eu sabia quem eu era. Isso é uma coisa constante na minha vida.

Quando entrei no ensino médio, usava um ônibus que fazia o transporte dos estudantes. No início do ano letivo, fui sentar ao lado de um garoto que eu não conhecia. Para minha decepção, chegou outro menino, e os dois pediram para eu me levantar. Saí e permiti a ele se sentar ali. Entretanto, não me deixei abater com aquilo, ou ter minha autoestima afetada pelo episódio. Sabia que, se simplesmente fosse eu mesmo, teria muitos amigos. Pois, já no fim do ano, aqueles dois garotos disputavam entre si o espaço ao meu lado... Sim, precisamos saber exatamente quem somos para resistir a situações de aparente rejeição ou derrota. Portanto, cave! Crie seu lugar no "ônibus" da vida e tenha uma certeza: as pessoas vão desejar estar perto de você.

Qual é o seu propósito? O que você nasceu para fazer? Você pode dizer: "Sou bancário, porque preciso trabalhar e garantir o leite das crianças". Certo, todos precisam. Mas... É isso – trabalhar em um banco, a vida toda – que você nasceu para fazer? Se, ao ouvir as vozes em ação na sua mente, você concluir que essa é a sua vocação, vá em frente: torne-se um excelente bancário, esforce-se para ascender na carreira, desenvolva ideias capazes de melhorar o seu serviço e busque mais reconhecimento e oportunidades. Faça o seu melhor, e você será recompensado. Por outro lado, se você encara o seu serviço apenas como meio de subsistência, está na hora de procurar o seu lugar de força. Esse lugar é aquela capacidade, aquele talento, o espaço que você domina. Pode ser uma habilidade profissional, uma capacidade artística, um comportamento aglutinador, uma qualificação gerencial... Não importa. Encontre o seu lugar de força e domine isso.

A verdade é que todo mundo tem um lugar de força. O primeiro passo é identificar esse lugar, aquilo que você nasceu para fazer – e fazê-lo bem. Esse é o seu dom, o seu talento, a sua vocação.

CABE A VOCÊ TER CONSCIÊNCIA CLARA DE SEU LUGAR DE FORÇA E INVESTIR O QUE PUDER NO APERFEIÇOAMENTO DESSA CAPACIDADE.

Inovação transcendente – **DANIEL CARDOSO**

A SUA MENTE É A SUA REALIDADE, POIS VOCÊ CRIA IDEIAS OU DESTRÓI SONHOS POR MEIO DELA.

Inovação transcendente – DANIEL CARDOSO

Cabe a você, portanto, ter consciência clara disso e investir o que puder no aperfeiçoamento dessa capacidade. Nessa caminhada, ideias lhe surgirão, e você terá o *mindset* alinhado com seu lugar de força, sendo plenamente capaz de trazê-las ao mundo concreto pela prática. Existem tesouros que estão guardados para você – e somente você – encontrar. Se realmente entender isso e conduzir sua vida nessa dimensão, é mais que provável que, daqui a dois, três ou cinco anos, você se encontre em outra realidade: nesse instante, o transcendente terá tocado o seu imanente.

Visando auxiliá-lo, leitor, a identificar as vozes que constroem o seu sonho, em oposição às vozes que podem representar obstáculos ou distrações, aqui está uma visão de como identificar aquelas que contribuem para a construção do seu sonho:

- **Conscientize-se das vozes internas.** É fundamental que cada um desenvolva consciência acerca das vozes que ecoam em si mesmo. Dentre essas vozes, há a da paixão, a da criatividade e a da determinação, que são elementos cruciais para impulsionar seus esforços em direção aos seus objetivos.

- **Saiba distinguir as vozes construtivas das destrutivas.** Ao enfrentar desafios ou tomar decisões, é necessário discernir as vozes construtivas das destrutivas. As construtivas, geralmente, incentivam o crescimento, a inovação e a perseverança, enquanto as destrutivas podem semear dúvidas, medos e limitações. Lembre-se: as suas maiores realizações estão atrás da linha do medo. Então, coragem!

- **Avalie o alinhamento com a vocação.** Considere se as vozes que você ouve estão alinhadas com sua vocação e seu propósito de vida. As vozes que constroem o seu sonho são aquelas que se alinham com a direção que você deseja seguir, enquanto outras podem desviá-lo do seu caminho. Saiba que tudo que desvia o seu foco do que você foi chamado para fazer é uma distração e está contra o seu real destino.

- **Descarte as vozes limitantes.** Identifique e descarte as vozes que representam limitações, dúvidas e obstáculos desnecessários. Essas vozes, muitas vezes, provêm do medo do desconhecido ou de experiências passadas, e podem não contribuir positivamente para a realização dos seus objetivos. Lembre-se: o que vem do transcendente sempre parecerá impossível, até que você entre em ação e o realize.

- **Busque mentores e conselheiros.** Em muitos casos, mentores e conselheiros podem ser vozes valiosas, que ajudam a orientar e construir o seu sonho. Procurar a orientação de pessoas experientes e inspiradoras pode fornecer uma perspectiva valiosa e ajudar a identificar e ouvir aquelas vozes que realmente importam.

- **Cultive um ambiente positivo.** Crie, ao seu redor, um ambiente que promova vozes construtivas. Isso pode envolver a escolha de companhias que incentivem seus objetivos, a exposição a conteúdos inspiradores e a prática do pensamento positivo. Portanto, cuide do que entra em sua mente e alimenta seus pensamentos. Isso ditará o que você pensa, o que você faz, seus hábitos e, por fim, quem você se tornará.

Sim, identificar as vozes que constroem o seu sonho requer autoconsciência, discernimento e capacidade de filtrar influências externas. Ao dar atenção às vozes que alimentam a sua vocação e descartar aquelas que representam obstáculos, você estará capacitado a seguir na direção do seu propósito.

PONTO DE AÇÃO

Por todo lado, somos assediados por vozes da impossibilidade. Elas podem vir de outras pessoas – inclusive, como ocorreu comigo, da própria família – ou de dentro de nós mesmos. Se dermos ouvidos a elas, jamais sairemos de onde estamos. Walt Disney, o gênio que criou o Mickey Mouse e dezenas de outros personagens e histórias cujo sucesso atravessa gerações, teve um início de carreira nada fácil. Antes de se tornar uma referência mundial na arte e no entretenimento, Disney amargou a demissão de um jornal no qual se empregara aos 22 anos. O motivo? Seu chefe o acusou de ser preguiçoso e "sem criatividade". A visão transcendente nos leva a encontrar o propósito da nossa existência, aquela linha do horizonte que enxergamos ao longe. Propósito, portanto, é aquilo que você foi programado, capacitado e ativado para alcançar. Caso consiga alinhar-se a esse propósito, você colherá os resultados que ele contém.

VISÃO TRANSCENDENTE

Lembre-se: vocação é voz em ação. Dar ouvidos às nossas vozes empreendedoras e realizar as nossas ideias é o que nos coloca na direção de nossos propósitos. Contudo, existem muitas outras vozes – a voz da impossibilidade, a voz da acomodação, a voz da limitação e muitas outras. Você precisa, então, saber identificar quais palavras constroem seu sonho – aquelas que se alinham com a sua vocação – e descartar as outras.

CAPÍTULO 3

PARALISIA, A ZONA A SER EVITADA

TRANSIÇÃO É A SAÍDA NECESSÁRIA
DO APARENTE CONFORTO RUMO AO NOVO

“O PROGRESSO É IMPOSSÍVEL SEM MUDANÇA; E AQUELES QUE NÃO CONSEGUEM MUDAR AS SUAS MENTES NÃO CONSEGUEM MUDAR NADA.”

– GEORGE BERNARD SHAW (1856-1950),
dramaturgo e romancista irlandês

A tão falada zona de conforto nada mais é do que o lugar do falso conforto. É aquela situação em que você simplesmente não está em ação. Quem se encontra em tal circunstância realiza somente aquilo que lhe traz o resultado imediato, ainda que seja, como já vimos, apenas a sobrevivência nossa de cada dia. Esse conceito surgiu no início do século 20 e é largamente utilizado, desde o mundo corporativo até as relações familiares. Prefiro, contudo, chamá-la de zona de paralisia. É que a noção de conforto é positiva demais para ser associada a algo tão prejudicial à vida, à carreira, ao futuro. Conforto é aconchego, bem-estar; é sentir-se seguro com aquilo que já se conquistou. Estar confortável é algo que todos devemos buscar, ao mesmo tempo que caminhamos para a frente. O conforto em que você vive é aquele que você gera; é uma espécie de *pit stop* de que todos nós precisamos, regularmente.

Contudo, não se iluda: a zona de paralisia nada tem de confortável. Imobilidade, acomodação e indolência são os elementos que nos levam a ela. Essa zona é de estar inativo. É onde você não é. Nela o seu significado está comprometido. Zona de paralisia é um lugar que não foi preparado para você; é como montar uma cama no meio do caos – acomodar-se a um emprego frustrante, suportar um relacionamento tóxico ou viver uma existência sem propósito, por exemplo. Achamo-nos deitados em meio a algo muito ruim; porém, a tal cama tem algumas coisas que parecem boas. Ela dá certa sensação de estabilidade, pois acostumamo-nos tanto tempo com aquilo que qualquer possibilidade de mudança nos deixa inseguros. A lógica, se é que merece o nome, é a de que melhor é ter onde se deitar, ainda que seja em um leito precário, do que arriscar-se a ficar de pé e caminhar em direção a algo melhor.

Passa o tempo, e a zona de paralisia se torna familiar a ponto de nem percebermos o quanto estamos inertes. Mas a verdade é que ainda não doeu o suficiente para ser necessário mudar. Para mudarmos e nos movermos, precisamos de uma motivação. Se dermos uma conotação aceitável para o caos, a impossibilidade e o desajuste que vivemos, encontraremos argumentos para permanecer lá. É como o cachorro que é visto deitado em cima de um prego. Ninguém entende por que o bichinho simplesmente não se levanta e sai dali. Mas o cão não se incomoda tanto, porque o ferimento ainda não doeu o suficiente – e o pior é que o pequeno esforço para se levantar parece mais penoso do que permanecer em cima do prego.

A dor pode, sim, ser um fator de motivação ao movimento. Na vida de todas as pessoas, existe o dia do "basta". É o *turning point*, a grande virada, no qual você entende claramente que não é possível permanecer onde está. Jack Ma, fundador do Alibaba Group, enfrentou várias adversidades em seu caminho para o sucesso. Ele foi rejeitado em diversas ocasiões, e para dez empregos diferentes – inclusive, pela multinacional de *fast food* KFC. Inicialmente, a ideia do Alibaba também foi bastante criticada e considerada tola por muitos investidores. No entanto, Jack Ma persistiu em sua visão de criar uma plataforma de comércio eletrônico e serviços online. Sua persistência, motivação e inspiração levaram o Alibaba a se tornar um dos maiores conglomerados de comércio eletrônico do mundo, e Jack Ma é reconhecido como uma das figuras mais influentes no cenário empresarial global. Contudo, ele teve de "sair de cima do prego" e escolher ser um protagonista, e não uma vítima. Ele se moveu em direção ao seu propósito!

O problema é que o caos pode fazer sentido para muita gente. As coisas que estão à volta de quem vive paralisado trazem resultados aparentemente satisfatórios. Dá para ir levando, acomodando-se à rotina da falsa sensação de segurança que impede a superação e a evolução.

A Bíblia Sagrada é um livro de que gosto muito, não apenas pelas verdades espirituais que nos revela, mas também por lições de vida e superação que seu texto encerra. Ela fala de pessoas como nós, que viveram lutas, frustrações e desafios, mas que encontraram na fé, na força de vontade e na própria motivação a força para sair de onde estavam e alcançar o extraordinário. A narrativa do Êxodo nos conta a trajetória de Moisés, um dos maiores líderes da história do povo de Israel. Nascido escravo, ele foi adotado pela filha do rei do Egito, a mais poderosa nação de sua época, por volta de 1400 a.C. Na corte do faraó, teve acesso ao que de melhor aquela civilização produziu em termos de riqueza, cultura e poder.

Forçado a deixar uma vida opulenta por conta de uma crise – ele matou um feitor egípcio que agredia um hebreu escravizado –, Moisés se vê, de uma hora para outra, na condição de refugiado. Destinado a dominar, agora se encontra no deserto, lutando pela própria sobrevivência nas mais adversas condições. De maneira fortuita, porém, acaba abrigado pelo clã de um rico mercador nômade, casando-se com sua filha. Agora o futuro parece lhe sorrir novamente. As antigas aspirações de um príncipe, é verdade, ficaram para trás; mesmo assim, o momento parecia bom. Ali, nas cabanas do acampamento, havia relativo conforto, alimento suficiente e estabilidade familiar. Contudo, Moisés é novamente tirado de sua zona de acomodação. Um chamado divino ordena que ele volte ao Egito e lidere a libertação de seu povo, subjugado havia quatrocentos anos. Inicia-se um conflito pessoal movido pela resistência e pela insegurança, até que ele percebe que não pode fugir ao seu propósito. Então, Moisés abre mão do que tem, enfrenta o poder do monarca egípcio e conduz sua gente em uma das mais épicas jornadas da humanidade.

A próxima estação

Mover-se em direção ao propósito é o primeiro passo para abandonar a zona da paralisia. Não é simples, mas é essencial. O segundo passo é alcançar o que chamo de zona neutra. Esse é o lugar entre a velha e a nova realidade – um deserto emocional, como o que Moisés enfrentou no momento de seu chamado. Nessa altura, já não há a segurança da antiga posição, mas também ainda não se conquistaram as metas propostas. Muitos tentam fugir dessa fase; contudo, é inevitável atravessá-la. Sim, a transição é incômoda! Há coisas na fase anterior que trouxeram resultados satisfatórios, criando uma falsa sensação de satisfação que impede a superação e a evolução. Muitas vezes, queremos nos agarrar a itens do velho ciclo e passar para a próxima fase com algo nas mãos. Porém, a porta do futuro é do tamanho de um homem; não podemos levar nada conosco. Assim, tudo que quisermos, em nosso futuro, precisa ser enviado para lá hoje.

A ZONA DE PARALISIA NADA TEM DE CONFORTÁVEL. ELA SE TORNA FAMILIAR A PONTO DE NEM PERCEBERMOS O QUANTO ESTAMOS INERTES.

Inovação transcendente – DANIEL CARDOSO

MOVER-SE EM DIREÇÃO AO PROPÓSITO É O PRIMEIRO PASSO PARA ABANDONAR A ACOMODAÇÃO. NÃO É SIMPLES, MAS É ESSENCIAL.

No mundo das startups, existe o termo "pivotar", que significa realizar uma mudança significativa no modelo de negócios que está sendo adotado. É um neologismo cada vez mais disseminado entre empreendedores. Trata-se de uma derivação do verbo inglês *to pivot*, que significa algo como girar. Para ficar mais claro: quem "pivota" está, em outras palavras, mudando um negócio – não uma alteração pequena, ou meros ajustes, mas uma verdadeira revolução. Um giro. Todo negócio nasce de uma boa ideia; contudo, nem toda ideia vai para a frente. Empreender é arriscar-se a colocar um projeto em prática. E esse é um risco que, em geral, vale muito a pena, mesmo que, aos olhos dos outros, o plano aparentemente não tenha futuro – afinal, ele só existe para quem decidiu "pivotar" o negócio.

Eric Ries, um dos mais destacados empreendedores do Vale do Silício, desenvolveu um modelo de gestão chamado *lean startup*, cuja ênfase, como a de grande parte dos *players* de sua geração, é produzir mais com pouco. *Lean* significa, literalmente, "magro", o que no universo dos empresários de tecnologia equivale a enxuto, ou, em outras palavras, sem desperdícios, objetivo. "Pivotar" o negócio tem a ver com um processo pelo qual o potencial da iniciativa seja mensurado continuamente, de modo a atingir o objetivo desejado – e, claro, superá-lo. Portanto, um negócio pode ser "pivotado" muitas vezes, tantas quantas for necessário.

Ao fundarmos a Logo IT, começamos com a identidade de uma *software house*. Focávamos ser uma espécie de fábrica de software que desenvolvia programas computacionais por encomenda. Com o passar do tempo, "pivotamos" – entendemos que o valor do serviço não era suficientemente reconhecido quanto o de um produto pronto. Fomos identificando as necessidades mais proeminentes de nossos clientes e criamos soluções que os atendiam. Em suma, passamos a vender não mais serviço, e, sim, o produto – e atrelávamos ao produto um pacote de serviços que era muito mais bem remunerado, pois era criado por especialistas naquilo que meu cliente contratara. Criamos uma escala interessante no faturamento e no resultado. Um dos primeiros produtos que surgiram dessa estratégia foi o Gerenciador Eletrônico de Documentos (GED), que criamos com diferenciais de inteligência artificial. Logo em seguida, ele passou a ser utilizado por nossos clientes em larga escala. Depois "pivotamos" também esse produto para o gerenciamento do ciclo de vida de documentos digitais, o que acabou se tornando um dos grandes negócios da empresa, atendendo a praticamente todas as instituições financeiras do país.

É por isso que assumir o risco de empreender vale a pena, mesmo quando o projeto não deslancha, inicialmente, a contento. Muitas vezes, o insucesso ou apenas a constatação de inviabilidade de um empreendimento é a oportunidade para estruturar um novo modelo de negócios, e com uma grande vantagem: agora você já sabe onde está o erro e já identificou quais são as melhores oportunidades para alavancar seu empreendimento e levá-lo ao sucesso.

Para que o novo seja melhor do que o antigo, é preciso abandonar a forma anterior de pensar. Você não carrega nada para a próxima estação que não tenha sido enviado antes – e, na zona neutra, você pode estar se sentindo perdido, desconfortável, dizendo que algo está errado. Ora, a zona neutra é o lugar compreendido entre o que era e o que será. É o deserto emocional da decisão, quando deixamos para trás o que não mais servia e entramos em nossa "terra prometida". Essa zona é o lugar de mover-se por propósito, por uma palavra do transcendente, e não pelo que simplesmente vemos. Para as estações da vida, você não consegue mover-se levando nada consigo. A porta para acessar o futuro é o presente. Então, se você pretende ter uma qualificação amanhã, precisa buscá-la hoje. Se almeja melhor remuneração no médio prazo, tem de começar a se tornar um profissional mais capacitado agora. O futuro é colhido por meio de sementes que você planta hoje – e o hoje é o único tempo que você tem para agir.

Isso acontece em tempos de transição. O que as pessoas tendem a fazer quando tudo fica demasiadamente desconfortável? Elas saem da zona neutra e voltam para a última posição de conforto, mas aquela situação não funciona mais. Então, é necessário superar a zona neutra. Nesta, o desapego é trabalhado. Destitui-se o velho para se estabelecer o novo. É como na adolescência, a principal fase de transição de nossas vidas: estamos crescendo, mas ainda não somos adultos; caminhamos para a maturidade, mas enfrentamos os paradoxos da imaturidade; sonhamos com a independência, mas achamo-nos, ainda, dependentes de nossos responsáveis. A autonomia está lá na frente, mas é preciso, aqui e agora, enfrentar o processo e pagar o preço exigido por ela. Pois a transição é a saída da zona da paralisia e o caminho para o novo. Não a viver é sabotar nossos sonhos. Portanto, pular a etapa da transição é perigoso, pois as experiências dela advindas serão fundamentais na terceira fase, que é o novo. Já reparou como são muitas as histórias de pessoas que ficaram milionárias da noite para o dia, mas que, tempos depois, retornaram a uma pobreza até maior do que a de antes? Veja os vencedores de prêmios, como loterias, por exemplo: eles saem do aperto para a opulência de uma hora para a outra, sem as etapas de transição que normalmente constituem o caminho natural para o sucesso financeiro: preparação acadêmica, muito trabalho, equilíbrio nas ações, visão do todo. Muitos são os "sortudos" que se metem em péssimos negócios, esbanjam recursos e perdem tudo.

PARA QUE O NOVO SEJA MELHOR DO QUE O ANTIGO, É PRECISO ABANDONAR A FORMA ANTERIOR DE PENSAR.

Inovação transcendente – **DANIEL CARDOSO**

Action point

Você jamais dará o seu melhor até que abandone a sua zona de paralisia. Qual é o seu *action point*? No começo de minha empresa, prestávamos serviço para outro grupo de tecnologia, o qual, de certo modo – era forçoso admitir isso –, não dava o correto valor ao trabalho que fazíamos. Mesmo quando aquela empresa nos apresentou um plano de fusão, pelo qual seríamos sócios em um ponto futuro, a relação comercial não era satisfatória para nós. O relacionamento corporativo começou a ficar incômodo, pois era claro que eles queriam manter um contrato conosco com valores abaixo dos de mercado, criando aquela expectativa futura de sociedade. Mesmo assim, prosseguimos naquilo. Acreditando na relação, mantivemos a nossa pegada e continuamos criando produtos e apresentando-os àquela empresa parceira. Um dia, ao submeter-lhes um novo projeto que, na minha visão, seria disruptivo para o mercado, um dos executivos disse que aquilo jamais funcionaria. Ali entendi que precisava "sair do prego", definir uma nova ação e mudar o rumo daquela relação – o que se mostrou uma das coisas mais acertadas que fiz. O produto, desdenhado por aquela empresa, tornou-se um dos nossos maiores *cases* de sucesso e nos fez andar com as próprias pernas. Para alcançar tal resultado, todavia, tivemos de abandonar a segurança de um relacionamento comercial medíocre e instável para nos lançar ao novo – o novo que havíamos recebido do transcendente!

Para identificar o seu ponto de ação, observe o momento em que a dor de permanecer se torna maior do que a dor de mudar. É aquele momento crucial em que já não dá mais para suportar a ponta do prego entrando na sua carne. Se esperar mais, você vai abortar o processo de transição e, talvez, passar o resto da vida em cima do que o fere. Todos nós temos uma velha maneira de viver que precisamos deixar para trás – versões de nós mesmos que o tempo e a prática revelaram parcial ou totalmente obsoletas. É a transição que vai identificar o que ficou na estação anterior e o que estará disponível na próxima. Ao mesmo tempo, operam-se mudanças secundárias. A passagem para o novo implica alterações de atitudes, pensamentos e valores que, embora tenham sido importantes, já não têm muito a ver com a nova fase.

Para sair de vez da zona de paralisia e nunca mais voltar para lá, é preciso manter-se focado. Objetivos claros, sonhos mensuráveis e projetos estabelecidos são a maior inspiração para o trabalho e a perseverança. A motivação aumenta quando se vislumbra a recompensa e se conhece o caminho até lá. Por isso, aquela região do conforto começa a ser positivamente perturbada quando não há mais resignação com o prego que incomoda, mas não o suficiente para nos tirar da inação. Já vimos que sair dela não é exatamente confortável e costuma ser desafiador. Haverá, sim, coisas e situações que não estarão sob o controle de sua iniciativa. Quando se deparar com elas, não desista; antes, aceite o que não pode ser mudado e adapte-se àquilo que você pode transformar com suas ideias.

A transição começa no fim – e o fim que propomos, aqui, é o fim da zona de conforto, aquela sua região de improdutividade! Ela pode parecer confortável, mas está roubando o fogo do seu propósito e transformando você em mero espectador da existência. Portanto, é hora de buscar o desconforto de mudar, de passar por uma transição, a fim de que a inovação transcendente possa visitar sua vida e gerar algo no mundo através do "novo você", que estará preparado para sustentar a grandeza da ideia e do propósito que carrega.

Após a mudança se apresentar, a transição a consolidará. É ser a pessoa nova para um novo tempo. Existem mudanças secundárias, associadas às decisões que tomamos em direção ao novo que recebemos.

E há lugares que não me cabem mais; relacionamentos que atrapalham o meu propósito; e encargos que minam minha capacidade de resposta. Existem ações que preciso passar a ter para que a transição se estabeleça. No final das contas, quem eu me torno é mais importante do que os meus resultados – afinal, estes serão frutos de quem sou.

Costumo dizer que a vida é como uma viagem de trem. A cada estação, algumas pessoas sobem, e outras descem. A transição trará uma grande mudança nos relacionamentos. Quanto a mim, preciso dedicar tempo e esforço às pessoas que estão em minha estação. A sabedoria está em discernir quem é quem. Ao visualizar o que priorizo – seja meu trabalho, o casamento, a espiritualidade –, devo focar o destino do meu "barco", a imensidão do oceano que ele cruzará e a beleza do lugar onde aportará. Preciso mostrar isso ao meu povo, fazendo com que vejam a magnitude da viagem e a beleza do porto de chegada. E, então, deixá-los suspirar por isso. Inspire-os a trabalhar por isso e, em breve, você estará navegando. Não resista à mudança: transicione! Ache a sua tripulação. Afinal, quem acha a sua tripulação encontra o seu destino.

PONTO DE AÇÃO

Passa o tempo e a zona de paralisia se torna tão familiar que nem percebemos o quanto estamos inertes. Ficar deitado pode ser confortável; mas, permanecendo assim, você jamais saberá o que é ficar de pé e se mover em direção ao seu destino. Para sair de vez da zona de paralisia e nunca mais voltar para lá, é preciso manter-se focado. Objetivos claros, sonhos mensuráveis e projetos estabelecidos são a maior inspiração para o trabalho e a perseverança. A motivação aumenta quando se vislumbra a recompensa e se conhece o caminho até lá.

VISÃO TRANSCENDENTE

Existem lugares que não comportam mais você. Há pessoas que fizeram parte de outra estação da sua vida. Certas situações da sua existência podem até ser boas, mas o impedem de viver o ótimo, o propósito soprado pelo transcendente aos seus ouvidos. Identifique o que precisa ficar para trás em sua vida, enxergue ciclos que se encerraram e mova-se em direção à sua terra prometida. Comece uma transição, sabendo que esta se inicia no fim de algo, dando lugar ao novo proposto pelo transcendente.

NO FINAL DAS CONTAS, QUEM EU ME TORNO É MAIS IMPORTANTE DO QUE OS MEUS RESULTADOS – AFINAL, ESTES SERÃO FRUTO DE QUEM SOU.

Inovação transcendente – **DANIEL CARDOSO**

CAPÍTULO 4

O *BACKGROUND* DAS POSSIBILIDADES

SE UM "NÃO" CHEGAR ATÉ VOCÊ, SIGA EM FRENTE E CONFIE EM SUAS POTENCIALIDADES

“

A ÚNICA REVOLUÇÃO POSSÍVEL É DENTRO DE NÓS.

”

– **MAHATMA GANDHI,** líder pacifista da Independência da Índia nos anos 1940

Todos os dias, digo à minha filha quem ela é. Naturalmente, não me detenho em mencionar nome, idade, nível escolar ou outras características pessoais que ela já sabe de cor e salteado. Minhas palavras são no sentido de ressaltar, a todo tempo, quem ela é diante de si mesma e perante o mundo. Sei o quanto a visão de um pai é modeladora para o filho. Por isso, reafirmo o quanto ela é uma pessoa maravilhosa, abençoada pela existência e com poder de transformar o mundo. Acho importante que minha filha cresça valorizando a vida que tem, desenvolvendo sensibilidade em relação àqueles que estão à sua volta e acreditando em seu potencial.

No mundo, existem mais vozes contra do que a favor de nós, dos nossos planos e dos nossos sonhos. E a verdade é que todas as pessoas – assim como você, eu ou a minha filha – têm potencialidades. O ser humano, em seu estado natural, é capaz de coisas criativas e inovadoras. Essa potência está ali, viva, manifestando-se a cada inspiração e expiração sob a forma de inclinações, talentos, vontades e vocações. Como nossa espécie é rica! Nascemos dotados de enorme versatilidade e infinitas possibilidades. Alguns serão exímios artistas;

outros, competentes administradores; há aqueles que desenvolverão grandes trajetórias profissionais nas ciências exatas, nas áreas médicas e biológicas, no mundo dos esportes, nas funções jurídicas... Quantas pessoas se destacam em áreas tão diversas como prestação de serviços, funções de planejamento, operação de equipamentos, administração do lar, gestão de negócios, culinária, empreendedorismo, ensino, comunicação, tecnologia, logística, setor público?

Ideias nos visitam a todo instante, num fluxo contínuo de transcendência que toca o que nos é imanente e nos impulsiona à descoberta, à conquista. O mundo intangível oferece, ao tangível, inúmeras possibilidades na forma de ideias, desejos e projetos. Existe uma voz que ecoa dentro de cada um de nós, chamando-nos à realização. Porém, deixo de atender à minha missão de vida quando paro de ouvir a frequência do transcendente e passo a escutar o clamor das impossibilidades. Nosso mundo está cheio de "nãos": não entre; não existe; não é possível; não se sabe; não vai dar. Ouvimos que tal tarefa não é viável; que não existe cura para a doença; que não estamos capacitados ou que "isso não é para você". O *não* está sempre ao nosso lado, à espreita de uma brecha que nos prenda à negatividade. Cria-se, assim, um *background* de impossibilidades, ainda mais quando não se tem algum tipo de precedente de realização.

Esse *background* de impossibilidades é caracterizado por uma forte orientação para os obstáculos. Há pessoas que simplesmente passam a enxergar desafios como barreiras intransponíveis. Onde outros vislumbram uma oportunidade, elas enxergam uma dificuldade. Essa perspectiva, muitas vezes, está associada à resistência a mudanças e à relutância em aceitar ideias que extrapolem o convencional. A atitude limitante é prevalente, com crenças como "isso nunca funcionará" ou "não há saída para isso". Pessoas com essa mentalidade têm uma propensão à desistência rápida diante das dificuldades, sem perseverar na busca por soluções. Essa visão de curto prazo pode obscurecer a possibilidade de oportunidades futuras, ao mesmo tempo que a aversão a riscos ou a situações desconhecidas se torna comum, alimentada pelo medo do fracasso. Jamais esqueça que suas maiores realizações estão atrás da linha do medo – e a impossibilidade tem o medo como pano de fundo. Essa mentalidade tende a criar um ambiente em que a resistência ao novo e a fuga de desafios resultam em limitações significativas ao crescimento e ao desenvolvimento pessoal.

Ao longo de minha carreira, tenho me deparado com situações que desafiam a minha mentalidade. Em diversas ocasiões, um "não" ecoava em meus ouvidos e ameaçava abalar minha confiança, dizendo para que eu ficasse com meu emprego mesmo e desistisse daquela "ideia maluca" de ser empresário. Felizmente, nunca dei ouvidos. A verdade é que a escola de nosso país, em grande parte, está interessada não em medir o talento das pessoas, mas, sim, em formatá-las aos modelos já existentes. Em 1930, na chamada Era Vargas, começou um período da regulamentação nacional do ensino e do ideário pedagógico renovador, concomitantemente ao surgimento do processo industrial no país. Isso gerou, no ensino, uma espécie de esteira de preparação de pessoas em uma mesma forma, um mesmo parâmetro, deixando de levar em conta suas diferenças, singularidades e talentos – uma espécie de industrialização de seres humanos em formação. A escola não passou por transição; antes, fechou os ouvidos para as necessidades de seu tempo, e por isso segue, ainda hoje, em crise. Perdemos esse potencial original de formar pessoas gabaritadas para uma vida plena; em vez disso, desde as primeiras séries do ensino fundamental, colocamos regras e padrões para a vida delas. A criança não pode dar vazão à sua imaginação porque as ideias que tem não estão dentro do currículo escolar. Por outro lado, é impedida de usar seu tempo de ócio de maneira criativa, porque precisa estudar, isto é, decorar uma série de fórmulas matemáticas, informações históricas e regras de gramática para preparar-se para provas que nada provam, senão sua capacidade de memorização.

Capacitação, o melhor investimento

As escolas preparam para o *como*, e não para o *quê*. Elas não perguntam aos alunos *quem* eles são, o *que* nasceram para fazer ou *qual* é o seu propósito de vida. É por isso que acho importante lembrar aos meus filhos que eles são muito mais do que pessoas circunscritas aos livros didáticos ou meros repetidores de conteúdo. Quem sabe o que é, para o que nasceu e aonde pretende chegar vai longe, muito longe. Nesse sentido, capacitação contínua é ferramenta tão essencial como as rodas o são para um carro. Não há investimento com mais chance de retorno do que aquele feito em estudo. Cada vez mais, o mercado exige capacidade técnica, formação multidisciplinar, competências diversas e inteligência emocional. Em uma economia digital, postos de trabalho são voláteis, e sai ganhando aquele que apresenta múltiplas habilidades e capacidade de adaptação. Basta lembrar o que ocorreu no Brasil e no mundo entre os anos de 2020 e 2021. A pandemia de covid-19 destruiu atividades laborativas presenciais e, ao mesmo tempo, abriu um enorme leque de possibilidades no campo dos serviços, do *e-business* e do trabalho a distância.

NO MUNDO, EXISTEM MAIS VOZES CONTRA DO QUE A FAVOR DE NÓS, DOS NOSSOS PLANOS E DOS NOSSOS SONHOS.

Inovação transcendente – **DANIEL CARDOSO**

DEIXAMOS DE ATENDER À NOSSA MISSÃO DE VIDA QUANDO PARAMOS DE OUVIR A FREQUÊNCIA DO TRANSCENDENTE E ESCUTAMOS O CLAMOR DAS IMPOSSIBILIDADES.

De acordo com a pesquisa FIA Employee Experience (FEEx), 90% das empresas aderiram a alguma modalidade de trabalho remoto no primeiro ano da pandemia. Quem já estava atento e preparado foi capaz de sobreviver e, mais ainda, alcançar novas possibilidades. Na outra ponta, aqueles atingidos pelo tsunâmi encontraram dificuldades para se manter operacionais. E, infelizmente, muita gente se afogou. Conforme estudo do Serviço Brasileiro de Apoio às Micro e Pequenas Empresas (Sebrae), a crise provocada pela pandemia de covid-19 mudou, em seus dois primeiros anos, o funcionamento de 5,3 milhões de pequenas empresas no Brasil, o que equivale a pouco mais de 30% dos empreendimentos desse porte. Outros 10,1 milhões – ou 59% – interromperam suas atividades de maneira temporária ou definitiva.

Em semelhante contexto, mais do que nunca investir em capacitação profissional é fundamental tanto para quem busca emprego como para aquele que deseja se estabelecer como empreendedor. Isso é algo que se aplica a todo tipo de atividade, já que, muito provavelmente, você não permanecerá ao longo de toda a vida laborativa na mesma profissão ou tipo de trabalho. Nossos pais e avós tinham como objetivo maior a construção de uma carreira longa e ascendente em uma mesma organização. Era comum, até a segunda metade do século passado, encontrar jovens que começavam a trabalhar em funções subalternas em determinada corporação e, décadas depois, chegavam à aposentadoria no mesmo grupo, já em cargos de chefia. Hoje isso é cada vez mais raro. É enorme a fluidez das relações de trabalho em um mundo em constante mudança e com a prevalência cada vez maior das novas tecnologias.

Essa plasticidade faz com que, muitas vezes, nosso trabalho não esteja obrigatoriamente ligado à nossa primeira formação. Muita gente tem encontrado a realização, ou mesmo a verdadeira vocação, em áreas totalmente diversas da originalmente escolhida. Daí a importância de não nos deixarmos limitar pelo *background* de impossibilidades. Determinado caminho não deu certo? Escolha outro. A oportunidade que surgiu exige conhecimentos diferentes daqueles nos quais você se especializou? Pois então aprenda o que puder sobre a nova atividade: faça cursos, inscreva-se em treinamentos, construa *network* com quem já atua naquela nova área. Sua vida está se encaminhando para uma nova etapa em outra cidade, estado ou país? Desapegue-se da vida que tem hoje, venda o que for possível e vá!

Saiba que o mundo, a sociedade e o seu concorrente vão lhe repetir muitos "nãos". Cabe a você mudar seu *mindset* e transformar aparentes impossibilidades em ações positivas. A resposta final que você procura não pode ser o "não". Existem pessoas procurando por você! Havia um homem que queria ser supervisor na empresa onde trabalhava. Surgiu uma oportunidade de promoção, mas um colega, muito mais jovem e inexperiente, foi escolhido para o cargo. Ele, é claro, entristeceu-se com o fato. Mas, mesmo assim, manteve uma atitude positiva. Continuou trabalhando com afinco e sendo o funcionário mais destacado da empresa em muitas avaliações.

Alguns anos mais tarde, um dos diretores se aposentou e adivinhe quem foi indicado para a vaga? Ele mesmo, o nosso amigo que, um dia, sonhou com a chefia e acabou sendo colocado em uma posição muitas vezes superior àquela que almejava. Portanto, se um "não" chegar até você, não desista. Confie em si mesmo e no seu potencial, fundamentado em tudo aquilo que você aprendeu e construiu até ali. Saiba que 90% dos primeiros empreendimentos fracassam, e 90% dos segundos empreendimentos têm sucesso. O problema é que 80% dos empreendedores não tentam novamente! Caso o fizessem, transformariam sua jornada em um *background* de possibilidades.

NOSSO POTENCIAL SE MANIFESTA A CADA INSPIRAÇÃO E EXPIRAÇÃO SOB A FORMA DE INCLINAÇÕES, TALENTOS, VONTADES E VOCAÇÕES.

Inovação transcendente – **DANIEL CARDOSO**

CABE A VOCÊ MUDAR SEU *MINDSET* E TRANSFORMAR APARENTES IMPOSSIBILIDADES EM AÇÕES POSITIVAS.

Inovação transcendente – **DANIEL CARDOSO**

PONTO DE AÇÃO

Você deve conhecer pessoas que, ao longo da vida, acabaram fazendo coisas completamente diferentes daquelas que pensavam em fazer na carreira profissional. São muitos os que vão atuar em áreas diversas daquelas de sua formação, pelas mais variadas circunstâncias – a insatisfação com a profissão inicialmente escolhida, uma oportunidade inusitada para atividade diferente, um fracasso que forçou o indivíduo a uma nova experiência ou, simplesmente, o desejo de fazer algo novo. Talvez você mesmo tenha passado por isso. Saiba que o caminho para a realização pessoal e profissional pode ser, justamente, trilhado a partir dessas rupturas. Esqueça a ideia de iniciar a profissão em um ramo ou uma empresa e aposentar-se, décadas depois, fazendo a mesma coisa. No mundo contemporâneo, exige-se cada vez mais flexibilidade nos postos de trabalho e no empreendedorismo. Por isso, aprenda tudo que puder sobre as mais diferentes carreiras e negócios e desapegue-se daquilo que o prende, hoje. Cabe a você – e somente a você! – a direção de sua vida.

VISÃO TRANSCENDENTE

Ideias nos visitam a todo instante, num fluxo contínuo de transcendência que toca o que nos é imanente e nos impulsiona à descoberta, à inovação e à conquista. Em vez de se deter nas dificuldades que você já experimentou ao executar suas ideias, faça uma transição de seu pensamento e foque sua visão naquilo que aprendeu com elas e no que pode ser feito de modo diferente daqui em diante, criando seu *background* de possibilidades.

CAPÍTULO 5

FORÇA MULTIPLICADORA

SÓ SE TROCA UMA FORMA DE AGIR QUANDO SE ENCONTRA UMA IDEIA MELHOR

“

TRANSFORMEM-SE PELA RENOVAÇÃO DE SUA MENTE, PARA QUE POSSAM EXPERIMENTAR QUAL É A BOA, AGRADÁVEL E PERFEITA VONTADE DE DEUS.

”

– **SÃO PAULO**, apóstolo cristão do primeiro século

Já vimos que, enquanto uma ideia permanecer retida no imaginário de seu idealizador, ela será apenas isto: uma ideia. Executá-la é o que a tornará capaz de mudar a sua vida, revolucionar o seu negócio e transformar o mundo. Todavia, muitos temem compartilhar suas ideias, seja por medo de reações contrárias, de passar ridículo ou, pior ainda, de tê-las roubadas. Durante muito tempo, esse tipo de pensamento prevaleceu no ambiente corporativo. As mudanças na sociedade e no mercado abriram espaço para novos comportamentos. Com a massificação da informática, a partir dos anos 1980, o conceito de compartilhamento ganhou novos significados. Ficou definitivamente para trás a noção de que uma ideia deve ser mantida em segredo, "a sete chaves", até que seja possível sua execução, a fim de se evitar a concorrência. A aldeia global, conceito difundido pelo estudioso canadense Marshall McLuhan na década de 1960, só foi plenamente compreendida anos depois. A globalização não apenas mudou a humanidade para sempre, como também trouxe uma nova forma de pensar e agir.

A esta altura do século 21, em cuja terceira década já estamos, vivemos o mundo da economia compartilhada. Partimos do pressuposto de que o outro tem parte da solução de que precisamos. Entretanto, não foi uma mudança fácil. Até chegarmos a isso, uma série de paradigmas teve de ser rompida. Se, antes, prevalecia o método de trabalho consagrado na Revolução Industrial – o processo pelo qual eu fabrico apenas a porca; você só faz o parafuso; e um terceiro vai instalá-los na chapa –, agora o ideal é que se dominem todos os processos. E, quando isso não é possível, a solução é estabelecer uma parceria com o fabricante do parafuso e com o instalador, atraindo-os para o seu time. Não há como ser diferente. Com a velocidade das coisas, essa compartimentação de outrora se tornou um impeditivo. Mediante parcerias, ganham os fabricantes do parafuso e da porca, ganha o prestador de serviços – no caso, o soldador – e, acima de tudo, ganha o cliente, porque recebe um produto melhor e em menos tempo.

Antigamente, as pessoas tinham certo receio umas das outras. Era preciso esconder a ideia, caso contrário alguém iria roubá-la. De fato, muitos idealizadores perderam tudo quando suas iniciativas foram indevidamente apropriadas por outros. O filme *Fome de poder* mostra uma das mais ruidosas apropriações de ideias alheias no século passado. Fundada pelos irmãos McDonald, a lanchonete era, apenas, um pequeno empreendimento local bem-sucedido, onde os criadores produziam lanches com rapidez inédita para a época, nos anos 1950. Aquele estabelecimento era o embrião do conceito de *fast food*, uma ideia revolucionária – todavia, os irmãos nada mais queriam além de tocar seu negócio, servir bem à clientela e ter um lucro que lhes permitisse viver de maneira confortável. A certa altura, um comerciante ambicioso e, até então, malsucedido, chamado Ray Kroc (vivido pelo ator Michael Keaton), aproxima-se da dupla e, com

ESTA É A NOVA ECONOMIA: SE EU TENHO AQUILO DE QUE ALGUÉM PRECISA, ALGUÉM TEM O QUE ME FALTA.

Inovação transcendente – **DANIEL CARDOSO**

O FORTALECIMENTO DOS NEGÓCIOS B2B VEIO PROVAR QUE IDEIAS SÃO ATIVOS A SEREM COMPARTILHADOS E APERFEIÇOADOS.

sua capacidade de sedução desenvolvida anos a fio como vendedor itinerante, acaba não só levando a ideia como também se apropriando da marca McDonald's, até hoje uma das mais valorizadas do mundo.

Coworking e B2B

Situações como essa continuam a acontecer, mas já não servem de paradigma. Hoje é diferente: o padrão de *coworking*, ou economia colaborativa, reinventou até o conceito de concorrência. Se alguém está fazendo algo melhor do que eu, por que não lhe propor que avancemos juntos? Sou um empresário que faz parte dessa transição. Na antiga economia, você precisava construir todas as partes de um negócio. O *timing* para lançamento de um produto era extremamente alongado, e o esforço, descomunal. Na nova economia, foco no *core business* e tudo o mais, eu contrato. Encontre os parceiros certos para as atividades marginais e tenha um *time-to-market* mais adequado.

Experimentei isso em vários produtos criados por mim. Tenho uma empresa de cartão de crédito e preciso gerenciar os processos de *inside sales*. Esse termo se refere às vendas internas, em que transações são conduzidas remotamente, sem a necessidade de presença física do vendedor ou representante de vendas no local do cliente, usando-se tecnologia (chamadas telefônicas, videoconferências, e-mails, mensagens instantâneas e outras) para efetivar as vendas e interações com os clientes. O que eu fiz? Contratei a melhor ferramenta do mercado para esse fim. Outra empresa de nosso grupo atende instituições financeiras. Temos de gerenciar o atendimento em seus vários níveis e até inserir inteligência artificial no processo. Na economia contemporânea, não é preciso construir o todo; precisamos, somente, das peças certas, como no popularíssimo jogo de Lego, focando sempre o *core business*. Exemplos como esse estão presentes em todos os meus negócios. Isso é tão verdade que acabamos invertendo o vetor ao criar a Logo Aceleradora. Agora quero ajudar outros empreendedores em seus negócios para que possam fazer acontecer. Esta é a nova economia: se eu tenho aquilo de que alguém precisa, alguém tem o que me falta. Juntos, somos mais fortes e podemos aumentar a escala e o impacto!

O fortalecimento dos negócios B2B é a melhor demonstração desse novo momento, em que ideias são ativos a serem compartilhados e aperfeiçoados em conjunto, visando aos melhores resultados. B2B, *business to business*, ou, como prefiro, de negócio para negócio: é quando construo algo que se encaixa perfeitamente no modelo de negócios de outra empresa, servindo de forma marginal ao *core business* daquele empreendimento. Trata-se de juntar peças para um fim comum ou, como já comparamos, "brincar de Lego". E existe escala.

Costumo dizer que, de tempos em tempos, novas camadas de soluções vão sendo criadas, com a junção das plataformas B2B do mercado. Exemplo: a empresa A tem um *core business* e, para alcançá-lo, precisa de duas soluções marginais; então, contrata as empresas B e C para isso. Estas, por sua vez, estão com uma camada de soluções que existia até então. Com a empresa A indo ao mercado, mediante sua solução robusta e fortalecida pelo suporte das empresas B e C, agora a empresa D pode contratar os serviços da empresa A e buscar a solução da empresa E (ambas marginais para o negócio da D). Uma nova camada de soluções se cria, e o nível dos negócios vai aumentando!

As empresas antigamente criavam suas soluções *end-to-end*, do início ao fim, desenvolvendo estruturas tecnológicas centrais e marginais para que o *business* pudesse ser lançado e depois suportado. Hoje em dia, as companhias de tecnologia se dedicam em criar soluções específicas, focadas na resolução de um único problema, para serem, propositalmente, utilizadas por outras corporações que demandarão aquele produto ou serviço. Portanto, quando vou montar uma solução hoje, já não preciso partir do zero, porque alguém já "inventou" partes daquilo que quero criar, antes de mim. Ora, se um produto que pode compor minha solução já existe, não faz sentido eu desenvolver mais do mesmo – muito mais eficaz será compartilhar aquele ativo na forma de uma parceria e focar minha expertise na ideia central própria que vou consolidar, ampliar e desenvolver. Aquele outro empreendedor vai me ajudar, portanto, a fazer algo melhor do que o que eu vinha fazendo. É isso que chamo de *mindset* de confiança. Sempre vão existir pessoas que têm as chaves que abrem portas que preciso atravessar – e como vou conseguir conectar-me a elas? Abrindo-me, falando o que está em minha cabeça e deixando fluir o que foi colocado em mim pelo transcendente. Não se pode deixar de ganhar pelo medo de perder. Se você esconder o que recebeu, estará matando sua visão. A ideia precisa ser exposta, a fim de se manter viva.

A inovação desempenha um papel crucial para empresas que buscam otimizar processos, oferecer novas soluções e se destacar no mercado. Um exemplo forte de inovação no setor financeiro, similar ao modelo dos novos bancos digitais, é o fenômeno das *fintechs*, que estão revolucionando o ambiente financeiro. Nesse cenário, destaca-se a irlandesa Stripe como uma empresa de tecnologia que oferece soluções para empresas online, facilitando pagamentos, assinaturas e gestão financeira. A Stripe se diferencia por simplificar e democratizar o processo de aceitação de pagamentos online, oferecendo uma infraestrutura técnica poderosa para companhias de todos os tamanhos, a qual permite fácil integração em sites e aplicativos. Esse foco na automação, na flexibilidade e na criação de uma experiência de pagamento intuitiva a tornou uma força motriz por trás da inovação em pagamentos online, atendendo desde startups até grandes corporações.

É FUNDAMENTAL ENCONTRAR PARCEIROS CERTOS, QUE TERÃO CONEXÃO COM SEU PROJETO E TRARÃO O CAPITAL, A EXPERTISE OU OS CLIENTES NECESSÁRIOS.

Inovação transcendente – **DANIEL CARDOSO**

Empresas como a Stripe demonstram como a inovação no contexto B2B pode redefinir setores inteiros, proporcionando soluções mais eficientes, acessíveis e alinhadas com as necessidades em constante evolução dos clientes e das corporações. Essas *fintechs* exploram continuamente novas maneiras de simplificar transações, incorporar tecnologias emergentes e melhorar a experiência global dos usuários.

Talento negociado X talento enterrado

Jesus Cristo se tornou muito conhecido pelas parábolas que contou. Parábola é uma ilustração alegórica que usa elementos de conhecimento dos ouvintes para transmitir ensinamentos e valores. No caso, falamos do primeiro século, época em que a região hoje compreendida pelo atual Estado de Israel e pelos territórios palestinos, onde Jesus viveu, estava sob controle romano. Talento era uma unidade de medida do mundo daquela época e representava cerca de 30 quilos de metais geralmente preciosos, como ouro ou prata. Na parábola dos talentos, narrada no Evangelho de Mateus, Jesus ensinou a seus seguidores a importância de fazer com que nossos recursos sejam bem investidos, gerando bons frutos.

Conta a história que certo homem, muito rico, sairia em viagem de negócios e deixou parte de seus bens aos cuidados de três empregados, nos quais confiava. Ao primeiro, deu cinco talentos; o segundo recebeu dois, e o terceiro, um. A ordem do patrão era clara: cada qual deveria negociar com os valores recebidos de modo que, na sua volta, houvesse lucro. E assim aconteceu com dois deles. O primeiro servo, que recebera maior quantidade de talentos, fez excelentes transações. Ele investiu bem os recursos e, no retorno do chefe, transformara os cinco talentos em dez. O segundo, embora tenha recebido menos, foi igualmente empreendedor: “O senhor me confiou dois talentos", relatou ao patrão. "Pois, agora, lhe devolvo quatro." O proprietário, é claro, ficou muito satisfeito e soube recompensá-los: "Vocês são excelentes trabalhadores! Pois, agora, lhes darei ainda mais oportunidades".

Porém, o terceiro homem tinha uma história diferente para contar. Ele apenas devolveu ao seu senhor o talento recebido. Aquele servo admitiu que tivera medo de negociar e perder o único talento que recebera. Como resultado, o patrão tirou o que lhe tinha dado e ainda lhe aplicou uma punição. O medo de se arriscar a ganhar fez aquele homem perder até o que tinha. Possivelmente, se ele falasse com seus companheiros, pedisse uma orientação ou dissesse o que estava pensando, compartilhando a ideia ruim, seria estimulado a levar o negócio com o talento adiante. Quem sabe até os três atuariam em parceria, juntando os oito talentos recebidos para potencializar ainda mais os resultados. A ideia ruim seria suplantada por uma melhor. Porém, a má ideia foi levada adiante e resultou em fracasso.

Hoje, quem não fala com ninguém não faz nada. É fundamental encontrar parceiros certos, que terão conexão com você e trarão para o projeto o capital, a expertise ou os clientes necessários. Não se preocupe: o que tiver de ser seu será! Como já disse, algumas vezes abri ideias para pessoas que me jogaram verdadeiros baldes de água fria. Quando estava me preparando para lançar o SIREC, nosso sistema para o mercado financeiro, marquei uma apresentação com um dos maiores empreendedores daquele setor. Terminei a apresentação empolgado, mas o CEO resumiu suas impressões numa afirmação fulminante: "Isso nunca vai funcionar". E recomendou que eu esquecesse a ideia. Segundo ele, os processos sempre funcionaram bem até ali sem aquela novidade, e assim continuariam. Saí daquele encontro sem qualquer apoio e, muito menos, investimento. Acontece que eu tinha certeza de que o projeto era ótimo. Por isso, sem desanimar diante daquele primeiro "não", fui me juntar a pessoas que acreditassem no que eu estava fazendo. Eu queria multiplicar meus talentos! Encontrei um sócio que me ajudou com menos recursos do que o necessário, mas depois entraram outros parceiros com mais poder econômico e ocorreu o *boom*. Hoje, nos setores em que atuo, sou muito maior do que aquele investidor que preteriu minha ideia.

A ideia é como uma semente. Todo agricultor sabe que, para que um grão germine com vitalidade, é preciso escolher o momento adequado para lançá-la ao solo, observando o clima de cada época, o regime de chuvas e a exposição solar. Depois, é imperioso adubar aquela terra com os insumos necessários, regar a plantinha constantemente e acompanhar seu crescimento. Ali eu tinha duas escolhas. O primeiro potencial sócio que procurei era referência no mercado. Sua recusa poderia me desestabilizar ou, quem sabe, até deixar morrer a ideia. Algo me dizia, contudo, que o resultado seria vitória; bastava acreditar e trabalhar. Por exemplo, não existe suco de laranja pronto na natureza; porém, existem pés de laranja e água. Às vezes, enxergamos a impossibilidade porque nunca foi feito o que queremos fazer. E é justamente esse o melhor cenário: a recompensa é muito maior para quem rompe a barreira.

O leão da savana

Um preceito que se transforma em conceito cria uma série de pensamentos que vão ditar como vamos viver. Preceitos são pensamentos que nos visitam. A partir desse *start*, começo a construir algo mais robusto, juntando com outros pensamentos, e aquilo passa a fazer sentido. Nada do que foi feito no mundo passou a existir sem uma ideia. Falar sobre isso faz com que a ideia molde você; ela passa a ser um valor. Então, você passa a ser influenciado por ela e começa a viver daquele pensamento que entrou em você e germinou dentro da sua mente.

Portanto, saia da noção de que falar estraga sua ideia! O primeiro passo é começar a materializá-la, tirando a ideia da escuridão. Só se troca uma forma de agir quando se oferece às pessoas uma ideia melhor, ou seja, outra forma de agir. Quem escolhe esse caminho acaba se tornando dominante, justamente porque encontrou o ponto de força. Há alguns anos, participei de uma reunião na Califórnia, no Vale do Silício. Era um encontro com um jovem americano, que já se tornara um bilionário da tecnologia aos 22 anos. Ele chegou de moletom, descontraído, enquanto envergávamos nossos ternos e gravatas bem alinhados. Estavam ali investidores de grande porte, representantes de startups e empreendedores de diversas áreas – umas cinquenta pessoas, ao todo. Nosso anfitrião havia montado uma empresa de crédito capaz de competir com os gigantes globais do setor.

O espantoso é que ele nem tinha lançado o negócio, mas falava dele com desenvoltura, dando detalhes, pesquisas, margens e todas as estratégias que havia pensado. Lá pelas tantas, alguém não resistiu e perguntou ao jovem capitalista se não temia que uma pessoa, naquela sala, copiasse sua ideia. Ele sorriu de modo simpático e disse que não. "Aqui no Vale", explicou, "todos estão cheios de ideias. Se você for bom, vai fazer algo melhor do que eu, e o mercado sairá ganhando; mas, se não for, não conseguirá fazer nada a partir do que estou contando. Nós respeitamos a execução." Aquele camarada, apesar do seu jeito tranquilo, era mais que seguro de si mesmo. Ele dominava; era o leão da savana!

PONTO DE AÇÃO

Hoje, quem não fala com ninguém não faz nada. É fundamental encontrar parceiros certos, que terão conexão com você e trarão para o projeto o capital, a expertise ou os clientes necessários. Portanto, saia da noção de que falar estraga sua ideia! Exponha seus projetos com parceiros em que possa confiar, busque soluções compartilhadas e trabalhe junto a outros *players* que tenham mais experiência do que você. O primeiro passo é começar a materializar a ideia, tirando-a da escuridão. Só se troca uma forma de agir quando se oferece às pessoas uma ideia melhor, ou seja, outra forma de agir. Quem escolhe esse caminho acaba se tornando dominante, justamente porque encontrou seu ponto de força. E não se preocupe: o que tiver de ser seu será!

VISÃO TRANSCENDENTE

Às vezes, enxergamos a impossibilidade porque nunca foi feito o que queremos fazer. E é justamente esse o melhor cenário: a recompensa é muito maior para quem rompe as barreiras. Se você esconder o que recebeu, estará matando aquilo. A ideia precisa ser exposta, a fim de se manter viva.

UM PRECEITO QUE SE TRANSFORMA EM CONCEITO CRIA UMA SÉRIE DE PENSAMENTOS QUE VÃO DITAR COMO VAMOS VIVER.

CAPÍTULO 6

SOLUÇÕES QUE FLUEM

A INEFICIÊNCIA NADA MAIS É QUE UMA RUPTURA NA FLUIDEZ DOS PROCESSOS

OS PROBLEMAS SIGNIFICATIVOS QUE ENFRENTAMOS NÃO PODEM SER RESOLVIDOS NO MESMO NÍVEL DE PENSAMENTO EM QUE ESTÁVAMOS QUANDO OS CRIAMOS.

– **ALBERT EINSTEIN (1879–1955)**, matemático e físico alemão

Problemas. Quem não os enfrenta? Aquele que deseja revolucionar sua atividade já entra em uma frequência de investigar as ineficiências onde quer que as encontre: relações desconectadas, produtos defeituosos, serviços precários. É preciso debruçar-se sobre o problema para que ele seja resolvido. Empregue a sua força e tenacidade nessa avaliação. Cada um de nós tem o chamado para resolver algo, em algum momento, visando a determinado resultado. O mundo tem um milhão de problemas, mas você precisa resolver os seus, um de cada vez – caso contrário, não conseguirá avançar.

As soluções são como *flow*; elas vão fluindo de um lugar para outro. A ineficiência nada mais é que uma ruptura nessa fluidez. A encomenda que é feita, mas não chega pelo correio: é uma interrupção de fluxo. Em algum momento do processo, a coisa não fluiu – demorou-se muito para localizar o produto no estoque, o endereço do destinatário não foi corretamente cadastrado ou o sistema bancário que efetiva o pagamento saiu do ar. Se a carne estragou na gôndola do supermercado, isso aconteceu porque um funcionário demorou demais para colocá-la na refrigeração; ou, então, houve uma interrupção no fornecimento de energia, que deixou o produto mais tempo do que devia fora da temperatura ideal. Pode ser, ainda, que algum cliente tenha desistido da compra e deixado a carne à beira do caixa, sem que ninguém a tivesse recolhido a tempo de manter suas condições de consumo. Fluxo interrompido.

O mesmo acontece com o voo que atrasa. Há toda uma estrutura montada no aeroporto para que os horários sejam cumpridos, a qual envolve a ação da equipe de solo, o pessoal da manutenção da aeronave e o sistema de embarque de pessoas e bagagens. Mas basta a detecção de um pequeno defeito – seja uma passagem vendida a mais, o parafuso da asa cuja firmeza não foi corretamente checada ou um carro de malas que se dirige à aeronave errada – e pronto! O problema se estabelece. Certamente, algum prejuízo, seja financeiro, jurídico ou de imagem da empresa, será ocasionado por esses problemas. São as ineficiências, os rompimentos de fluxos. As partes envolvidas – tanto as humanas quanto as materiais – não se conectaram corretamente para que o resultado fosse alcançado. Assim, a encomenda não chegou no prazo estabelecido, o voo teve a decolagem atrasada, e o supermercado perdeu aquela peça de carne. Há um *gap*, um problema a ser resolvido.

Nosso trabalho é detectar, naquela área ou naquele serviço, a falha e buscar a solução adequada. Só que é preciso entender o processo e conhecer os elementos envolvidos para saber identificar as desconexões – e, claro, restabelecer o fluxo. Quando criamos o SIREC, para registro de títulos financeiros voltados à emissão de documentos de licenciamento veicular, encontramos um processo extremamente manual, burocrático, dependente de ações humanas e que fazia com que demorasse mais de quinze dias para que um único documento fosse expedido, possibilitando ao novo dono do veículo circular com seu automóvel. Identificamos, portanto, os rompimentos naquele fluxo, que tornavam o procedimento demasiadamente moroso. Analisamos as possíveis saídas tecnológicas para as etapas ineficientes daquele processo, buscamos o arcabouço legal e jurídico que permitia a inserção da tecnologia para a integração dos sistemas dos bancos com os governos estaduais e a representação eletrônica de documentos essenciais à operação; e então, pudemos criar uma solução que transformou quinze dias em quinze minutos! Isso mesmo: de quinze dias para quinze minutos. Assim, um processo de emissão de documento relativo à posse de um veículo, que antes de nosso ingresso no negócio durava mais de duas semanas, passou a ser concluído em quinze minutinhos... Uma economia de tempo e ganho de eficiência da ordem de 1.440%!

Todo problema tem, ao menos, dois lados envolvidos, desde as desavenças familiares até os conflitos entre nações. Um dos lados – ou ambos, em maior ou menor intensidade – está insatisfeito, sente-se prejudicado ou quer fazer valer a sua vontade. No caso das relações corporativas, dirimir esses gargalos é fundamental à sobrevivência do negócio. Para isso, é essencial fazer algumas perguntas, por exemplo: esse problema é urgente? O produto ou serviço a ser realizado é algo que mexe com as pessoas? É algo capaz de mobilizar os clientes? O que ele resolve? Qual é o mercado que vai ser atendido por isso? Quem são as pessoas que se interessaram pelo nosso produto? Quais são os concorrentes? O que ele faz de diferente dos demais? As pessoas se interessariam por isso? Alguém daria atenção ao que você está dizendo?

Aderindo à abordagem de *design thinking*, tendo um problema em mente, buscamos uma solução que transforme ou melhore a vida das pessoas. *Design thinking* é o termo utilizado para se referir ao processo de pensamento crítico e criativo, possibilitando a organização de ideias de modo a estimular tomadas de decisão e busca por conhecimento.

Trata-se não de um método específico, mas, sim, de uma forma de abordagem. Em outras palavras, o *design thinking* não traz uma fórmula específica para sua implantação. Em vez disso, ele cria as condições necessárias para maximizar a geração de *insights* e a aplicação prática deles. A ideia é que o processo seja realizado de forma coletiva e colaborativa, a fim de reunir o máximo de perspectivas diferentes. Suas etapas buscam explorar o desafio de diversos ângulos e perspectivas, através do mapeamento do contexto e da cultura em que está inserido; da compreensão dos fenômenos; da observação e de entrevistas com as pessoas que vivenciam o problema; do reconhecimento das experiências pessoais; e da identificação dos obstáculos em busca da transposição.

As etapas do *design thinking* devem ser implementadas de acordo com o desafio a ser solucionado – e esse desafio deve conduzir à sua exploração, mas não restringir a visão ou as possibilidades que apareçam pela frente. Afinal de contas, quando estamos no jogo, o transcendente vem a tocar o imanente. A intenção é concretizar os projetos, colocando em ação as nossas ideias.

Compreensão e observação

Empatia, no sentido dos negócios, tem um significado que vai além do usual. Ela se baseia na compreensão e na observação. Compreenda as necessidades por meio das pessoas que se relacionam com o problema. Entreviste-as, veja como lidam com a demanda, participe do dia a dia delas e demonstre interesse pelo lado emocional e por como elas se sentem em relação ao problema. Essa etapa faz uma espécie de imersão e proporciona grande quantidade de informações e dúvidas. Realize a observação dos problemas, a pesquisa e o levantamento de informações. Estude quem sofre com aquela carência, montando um avatar. Quantas pessoas, aproximadamente, sentem falta daquilo na

O *DESIGN THINKING* É A BUSCA POR SOLUÇÕES QUE TRANSFORMEM OU MELHOREM A VIDA DAS PESSOAS.

Inovação transcendente – **DANIEL CARDOSO**

SEU DOM TEM DE SER DIRECIONADO EM FUNÇÃO DO OUTRO, MAS VOCÊ PRECISA, ANTES, SABER QUEM ELE É.

Inovação transcendente – DANIEL CARDOSO

sua cidade ou no seu país? Qual é o perfil de quem vai utilizar o que você está criando?

Seu dom tem de ser direcionado em função do outro, mas você precisa, antes, saber quem ele é. Se descobrir isso, vai poder cuidar de alguém, do seu próximo. Saiba que seu talento é exercido quando você está em função do outro, e não de si mesmo. Tudo o que vem do dom é uma consequência de servir ao próximo, inclusive a recompensa. Dinheiro nada mais é do que um certificado de performance. Quando nos movemos por propósitos, o dinheiro é o primeiro que se apresenta.

A *persona*, ou o avatar, é a representação fictícia do seu cliente ideal. Ela é baseada em dados reais sobre comportamento e características demográficas dos seus potenciais consumidores, o que se descobre por meio de pesquisas e consultas ao que os outros *players* estão fazendo de certo e de errado. Contudo, a *persona* é, também, resultado de suas histórias pessoais, motivações, objetivos, desafios e preocupações. Não se trata, apenas, da fria lógica dos números, de quantos por cento vão comprar aquilo ou das curvas de vendas do produto – é, também, uma questão empírica. Uma boa definição de *persona* passa, justamente, pelo contato com o seu público-alvo. Assim, em uma rápida análise, você pode identificar características comuns entre os potenciais compradores. Se você tem uma base de clientes, essa será a fonte perfeita para começar suas investigações. Mesmo que tenha perfis diferentes de pessoas ou empresas que consumiram seu produto, alguns deles tendem a exemplificar a sua *persona*.

Depois de entender o que é a *persona* e quais vantagens representará para seu negócio, bem como de levantar algumas informações preliminares, você precisará se orientar pelo perfil de seu cliente típico. Ou seja, esse processo deverá ser guiado pela maioria da sua base de clientes para responder a algumas questões que vão ajudar a definir o perfil comportamental de sua *persona*:

- Quem é o seu potencial cliente (características físicas e psicológicas do responsável pela compra)?
- Que tipo de assunto lhe interessa, dentro do seu setor?
- Quais são as atividades mais comuns que ele realiza (tanto pessoal quanto profissionalmente)?
- Qual é o seu nível de instrução? Quais são os seus desafios e obstáculos?
- Que tipo de informações ele consome, e em quais veículos?
- Quais são seus objetivos, e o que está disposto a fazer para alcançá-los?
- No caso de produtos B2B, qual é o tipo de empresa que compra a sua solução? E qual é o cargo de quem compra?
- Quem influencia suas decisões?

Criar e montar uma *persona*, ou várias *personas*, pode parecer, a princípio, uma tarefa difícil e pouco efetiva. Mas, sabendo fazer as perguntas certas, essa etapa fica mais simples do que se imagina. Depois, basta utilizar as informações obtidas de maneira produtiva, para que toda ação e tomada de decisão sejam direcionadas àquele perfil.

SE FOR O CASO DE ERRAR,
QUE O ERRO SEJA RÁPIDO
E ABRA CAMINHO PARA O
ACERTO, O QUANTO ANTES.

ESTEJA ATENTO E OUÇA OS *FEEDBACKS*. COM OS ERROS E ACERTOS, A EXPERIÊNCIA VAI SE TORNANDO MAIOR.

Mapa de empatia

O próximo passo é detalhar o perfil do cliente a partir de suas respostas. Com isso, você será capaz de unificar as informações e elaborar o personagem em um documento a ser disponibilizado para todos na empresa, a fim de que seu grupo possa se beneficiar do estudo que foi feito. Algumas características que são comumente utilizadas para definir as *personas*:

- Idade
- Cargo
- Hábitos
- Frustrações
- Desafios
- Crenças
- Hobbies
- Estilo de vida
- Hábitos de compra
- Quais mídias preferem e que tipos de tecnologias mais utilizam
- Quem as influencia
- Que critérios usam na decisão de compra (necessidade, gosto, oportunidade etc.)
- Momento da jornada de compra em que se encontra

O mapa de empatia ajuda a entender, graficamente, quem é a sua *persona* e quais são suas características:

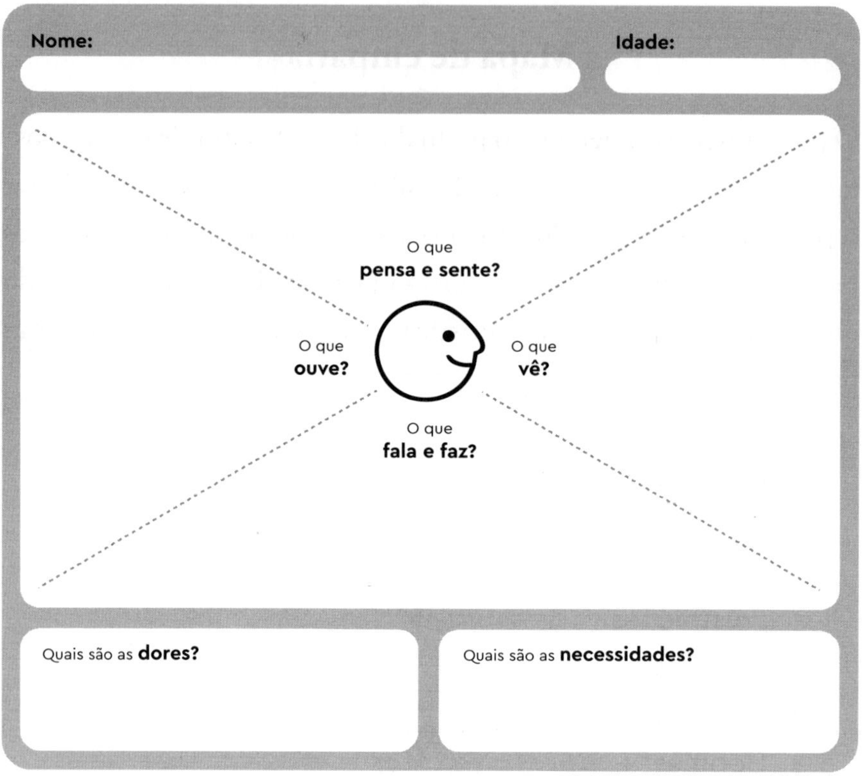

Definido o foco do cliente e enquadrando problemas como oportunidades para soluções criativas, chega o momento de organizar a complexidade gerada. Questione todos os *insights* recebidos, reflita sobre as informações obtidas, estude casos semelhantes e como foram enfrentados (*benchmarking*) e, o mais importante: é possível responder que o desafio inicial, realmente, reflete o problema identificado? Se sim, está na hora de seguir as seguintes fases:

- **Idealizar (*brainstorming*).** Gerar uma gama de soluções possíveis. Essa é a etapa da ideação, na qual deve surgir uma quantidade significativa de ideias inovadoras. A equipe deve deixar aflorar todas as ideias que surgirem na mente, sem preconceitos e sem descartá-las, ainda que, no primeiro momento, pareçam inadequadas. É a hora de pensar em todas as possibilidades, de ligar uma ideia na outra, de usar parte de uma ideia ou mais de uma em conjunto. Quanto mais aspectos diferentes abordarmos sobre o problema, mais ideias irão surgir para resolvê-lo. Declaradas todas as ideias, é hora de organizá-las, analisá-las e selecioná-las. Qual pode ser a solução criativa do desafio?

- **Prototipar (construir).** Comunique os elementos principais de soluções para os outros. Com as ideias selecionadas para a solução, é hora de construir e ver se elas realmente funcionam. Desenhe, esboce, crie protótipos; isso faz com que as ideias se materializem. É a fase de tangibilidade da ideia, o momento de fazê-la descer do imaginário para o concreto. Ainda que imperfeito, um protótipo tem o objetivo de passar a sensação do que se quer atingir, ou seja, a intenção e o potencial do que será criado, mesmo sem ter ainda a solução pronta.

- **Testar.** Os testes são indispensáveis para se descobrir o que funciona e o que não funciona, a fim de melhorar soluções. É o momento de ver os pontos fortes e fracos do protótipo. Para isso, os testes devem ser realizados com as pessoas que convivem com o problema que você tem que resolver – e é delas que virão os *insights* e as contribuições, mostrando se a ideia escolhida precisa de mudanças. Esteja atento e ouça os *feedbacks*; com os erros e acertos, a experiência vai se tornando maior. O protótipo e o teste têm a intenção de apresentar a ideia de forma rápida. Se for o caso de errar, que o erro seja rápido e abra caminho para o acerto, o quanto antes.

- **Implementar.** Coloque a ideia, que a essa altura já é um produto ou serviço real, em prática. Não devemos esquecer que o processo de desenvolvimento da ideia é contínuo e incremental, ou seja, ela pode ser constantemente aperfeiçoada – e, se necessário, podemos voltar a qualquer uma das etapas do *design thinking* para que se retome a abordagem para a evolução da ideia.

O *design thinking*, portanto, utiliza um conjunto de práticas que estimula a criatividade e explora o ponto de vista das pessoas que utilizarão os produtos. De forma não linear, pode-se voltar a qualquer uma das etapas, sempre que isso for necessário. Vale lembrar que um bom planejamento ajuda na organização do trabalho e na preparação da equipe que irá utilizar a abordagem.

PONTO DE AÇÃO

Como tudo no mundo dos negócios, uma transação envolve ao menos duas partes: a que cria o produto ou serviço e aquela que o consome. Para que a equação seja resolvida satisfatoriamente – ou seja, entregando ao cliente o produto adequado e sendo adequadamente recompensado por isso –, o empreendedor tem de se fazer algumas perguntas: a demanda por aquilo é urgente? O produto ou serviço a ser realizado é algo que mexe com as pessoas, ou seja, tem potencial para mobilizar os clientes? Qual é o mercado que vai ser atendido por isso? Quem são as pessoas que se interessarão pelo meu produto e quais são os meus concorrentes? Manter o foco no cliente, tanto quanto na produção daquilo que você vai lhe oferecer, é a maneira mais acertada de fechar bem a complexa, mas perfeitamente possível, equação da realização bem-sucedida de sua ideia.

VISÃO TRANSCENDENTE

É preciso debruçar-se sobre os problemas a fim de resolvê-los. Empregue toda a sua força nessa avaliação. Cada um de nós tem o chamado para resolver algo, em algum momento, visando a determinado resultado. Portanto, implemente suas ideias sem medo, sabendo que elas podem ser ajustadas e aperfeiçoadas de maneira contínua.

CAPÍTULO 7

CRER PARA VER

TRAGA PARA PERTO DE SI PESSOAS CONECTADAS AO SEU PROPÓSITO

SE VOCÊ NÃO SABE AONDE QUER CHEGAR, QUALQUER CAMINHO SERVE.

– **LEWIS CARROLL**, em *Alice no País das Maravilhas*

A solução é parte de um processo de inconformismo pessoal. Tudo tem a ver com ideias: um produto é uma ideia, um processo criativo nasce com uma ideia, a solução de um problema vem com ideias. Aqui, mais uma vez, entra a visitação do transcendente que vai tocar o imanente no encontro da solução – e esta passa, quase sempre, pelo inconformismo. É o incômodo ou o prejuízo causado pelo problema que nos faz ficar inconformados e partir para resolvê-lo. Pense do seu jeito a respeito do problema. Se chegar à mesma solução que os outros chegaram, você não vai encontrar a *sua* solução. Certamente existe um aspecto que você, e somente você, captou sobre determinado *gap* – por que, então, não atacar o problema sob esse ângulo? Se, em vez disso, você simplesmente se moldar ao que já foi definido pelos outros, será apenas "mais um" na prateleira.

Temos a tendência de seguir o mesmo caminho, mas percorrer rotas já trilhadas nos levará ao mesmo destino. Por isso, não tenha medo de acreditar nos seus *insights*. Ponderar o que você recebeu de *feedback* a partir das práticas propostas no capítulo anterior é o caminho acertado para o sucesso da sua iniciativa. Mas você precisa crer na sua ideia. Os homens são seres de crença; por isso é que todas as correntes religiosas estimulam, em maior ou menor grau, a fé do devoto. No cristianismo, essa prioridade é destacada em todas as Sagradas Escrituras, ao ponto de ser dito que, sem fé, ninguém pode agradar a Deus.

Para além da vida religiosa, a crença é essencial a toda atividade humana. Se eu não acreditar na minha ideia, ela vai morrer. Feito isso, o *flow* se estabelece. Perceba que a primeira coisa é ser maleável para "pivotar". Continue crendo na sua ideia; contudo, entenda as mudanças de que ela porventura necessite e esteja pronto para mudar a estratégia de sua execução, sempre pensando no resultado que você quer alcançar a partir da ideia que teve.

Você precisa crer que recebeu algo especial do transcendente. Precisa crer na sua unicidade, sendo a pessoa certa para resolver o problema que você identificou e se sente chamado a resolver. A regra básica, repito, é acreditar nos seus *insights*. Apesar de podermos – aliás, devermos – buscar conselhos e consultorias com pessoas nas quais confiamos, precisamos ter a certeza de que temos algo único em nós, o que nos faz ser a resposta para os dilemas de nosso tempo. Seja convergente, construtivo. Lute contra a dispersão, essa inimiga do sucesso que o leva a desperdiçar o mais precioso ativo que temos, que é o nosso tempo.

Nessa caminhada, traga para perto de si pessoas que tenham conexão com o seu propósito. Afaste-se dos pessimistas, dos individualistas e dos que só demonstram interesse financeiro na parceria. Os que não falam sua língua não conseguirão ver o que você realmente é. Consiga discernir a pessoa errada da pessoa certa e aproxime-se de quem joga água em seus medos e gasolina nos seus sonhos! Ponha fogo na sua ideia e faça-a acontecer, aproximando-se daqueles que interromperam a própria caminhada para ouvir você. Entendo a vida como uma viagem de trem, composto de muitos vagões. Há aquelas pessoas que viajam ao meu lado e aquelas que estão nos outros vagões do trem, a partir da minha estação. Os que não estão comigo, compartilhando os sonhos e a jornada ao meu lado, merecem todo o respeito e consideração; mas não vou viajar ou gastar tempo com eles.

Por outro lado, eu gasto – aliás, invisto – muito tempo sozinho. Sou uma daquelas pessoas que precisam de tempo para pensar. Uso o tempo disponível para a contemplação, a livre reflexão, a busca por novas dimensões de ideias. Alguém já disse que é preciso "ruminar" as ideias. A comparação pode chocar alguns, mas faz sentido. Animais como os bovinos têm um sistema digestivo bem diferente do nosso, e seu processo de nutrição tem algo a nos ensinar, metaforicamente. O estômago dos ruminantes é dividido em compartimentos que têm funções diferentes no processamento dos alimentos. A certa altura, a erva que foi ingerida retorna à boca do animal, para uma nova mastigação que vai adicionar enzimas e triturar ainda mais o bolo alimentar, o que facilita a absorção dos nutrientes. É por isso que bois e vacas parecem mastigar o tempo todo, ainda que não estejam efetivamente pastando.

Gosto de comparar as ideias a esse processo de idas e vindas, aperfeiçoamentos e reflexões. Uma ideia, quando surge, pode parecer a mais simples e irrelevante do mundo. No entanto, se dedicarmos tempo a ela, observando-a sob novos ângulos e especulando mentalmente sobre diferentes aplicações, veremos que até mesmo aquela ideia aparentemente simples tem um enorme potencial – algo que não seria descoberto sem essa, digamos, "ruminação", como no caso do estacionamento rotativo digital que criamos. Tudo começou com uma simples ideia rascunhada no papel. Criei um estacionamento de um "carro só" e passei a escrever como ele deveria funcionar se fosse totalmente digital. Depois, simulei o estacionamento de um shopping center. A ideia foi ganhando corpo, até que fizemos o protótipo das primeiras telas e vimos a escala que isso poderia ter para os estacionamentos públicos. Então, criamos a solução que se tornou, à época, a maior operação de estacionamento rotativo em vias públicas – e toda ela sustentada e operada em uma plataforma digital!

É comum tratarmos o pensamento como uma coisa mecânica, mas as ideias vão muito além disso. Você pode chegar a qualquer lugar quando aprende a pensar. Posso, portanto, sentar à mesa com as minhas ideias e "ruminá-las", separando preceito de conceito. É a montagem de um quebra-cabeça, um estado de *flow* mental, pensando do meu jeito – o meu único e personalíssimo jeito, diferente do de todos os outros – a respeito da solução para o problema que identifiquei.

Soluções que fluem

Então, "brinque de Lego"! Construa sua solução a partir da solução que outros criaram. Conecte as ideias. Não queira fazer tudo sozinho; foque-se no centro da sua solução. O que for marginal para atingi-la, use! Estamos na era do uso, e não da posse. Já reparou como, em gerações passadas, a ênfase das pessoas era comprar a casa própria e possuir o próprio carro? Hoje isso já mudou. Os mais jovens já não dão tanto valor à posse, mas priorizam o uso, o proveito que determinado bem lhe proporciona. Então, em vez de adquirir uma casa na praia, preferem alugar uma, por determinado período; e, nas próximas férias, partem para a locação de outra, em lugar diferente, em busca de novas experiências. Já há muita gente que prefere usar serviços de transporte por aplicativo a dirigir o próprio carro, tendo de cuidar de sua manutenção, pagar as taxas, abastecê-lo, contratar uma garagem... Trata-se de usar o que já existe, ainda que pertença aos outros. Portanto, use as

VOCÊ PRECISA CRER QUE RECEBEU ALGO ESPECIAL DO TRANSCENDENTE.

Inovação transcendente – DANIEL CARDOSO

A CRENÇA É ESSENCIAL A TODA ATIVIDADE HUMANA. SE VOCÊ NÃO ACREDITAR NA SUA IDEIA, ELA VAI MORRER.

Inovação transcendente – **DANIEL CARDOSO**

soluções já existentes! Conecte-as de tal forma à sua realidade que elas se transformem em solução – a *sua* solução!

Você foi chamado para ser cocriador e transformar o mundo, combinando soluções que já foram deixadas por outros que vieram antes de você. Durante milênios, a água foi usada apenas para o consumo humano e para a produção agrícola e pecuária, até que alguém teve a ideia de represá-la, fazê-la passar rapidamente por turbinas e gerar energia. Já o fogo é usado pelo homem, desde tempos imemoriais, como fonte de calor e luz, como proteção e para o preparo de alimentos – contudo, foi somente quando alguém descobriu que podia usar sua energia para moldar metais que surgiram instrumentos como facas, garfos, panelas, rodas e tantas invenções que revolucionaram a humanidade.

As soluções – o transcendente – estão ao nosso redor, todo o tempo, à espera de alguém que as conecte ao seu imanente para que, de fato, venham a existir. Portanto, entre em *flow* mental. Pense o tempo todo, a todo momento! Tenha seus lugares favoritos e momentos propícios para pensar. Pensar é um exercício; então, tenha tempo, métodos e disciplina para isso. Tenho meus lugares favoritos para pensar – pode ser no escritório, mas também na hora de tomar banho ou dirigindo. É um momento de contemplação, de deixar a mente fluir livremente. Gaste um tempo sozinho para estar disponível ao transcendente e conectar os pontos.

Há um exercício simples de aprofundamento, mas que proporciona enormes resultados, desde que praticado com a regularidade e a disciplina adequadas. Pense a respeito do problema que deseja resolver, da solução que precisa encontrar. Durante uma semana, por todos os dias, tire ao menos uma hora para pensar nas ineficiências que você encontrou e nas suas percepções de solução. Anote todas – todas mesmo! – as suas percepções, mesmo aquelas que pareçam, à primeira vista, inaplicáveis ou inatingíveis. Converse com alguém confiável a respeito disso (alguém do seu vagão!), expondo-lhe sua ideia sem medo.

Utilize o *feedback* recebido para dar o próximo passo. Depois, adote a abordagem *design thinking* e comece a desenhar um caminho, uma solução. Não se esqueça, também, de criar uma *persona* que será o alvo imaginário de tudo aquilo que você está criando. Convencido da utilidade, viabilidade e necessidade do projeto, parta para sua execução. Simplesmente você terá deixado o transcendente tocar seu imanente. Quer saber? Sou capaz de apostar que uma excelente ideia será realizada!

PONTO DE AÇÃO

O pessimismo é como uma doença contagiosa: espalha-se de um indivíduo para o outro, trazendo desânimo, imobilidade e fracasso. É muito importante trazer para perto de nós gente que tem conexão com o nosso propósito. Afaste-se dos pessimistas, dos individualistas e dos que só demonstram interesse financeiro na parceria com você. Aqueles que não falam a sua língua e não comungam de seus ideais jamais vão vê-lo como você realmente é. A vida é como uma longa viagem de trem, composto de muitos vagões. Sempre haverá aqueles que você deve trazer para o seu vagão e fazer deles seus companheiros de viagem; e há aqueles que simplesmente estão no mesmo trem, mas não são parte de sua jornada. Saiba escolher, portanto, os que você vai convidar para a sua cabine.

VISÃO TRANSCENDENTE

Temos a tendência de seguir o mesmo caminho, mas percorrer rotas já trilhadas vai nos levar sempre ao mesmo destino. As soluções estão ao nosso redor, todo o tempo, à espera de alguém que de fato as coloque em uso. Então, o que você está esperando?

CONSTRUA SUA SOLUÇÃO A PARTIR DA SOLUÇÃO QUE OUTROS CRIARAM. CONECTE AS IDEIAS. NÃO QUEIRA FAZER TUDO SOZINHO.

DURANTE UMA SEMANA, POR TODOS OS DIAS, TIRE AO MENOS UMA HORA PARA PENSAR NAS INEFICIÊNCIAS QUE VOCÊ ENCONTROU E NAS SUAS PERCEPÇÕES DE SOLUÇÃO.

CAPÍTULO 8

SEJA NOVO PARA O NOVO

TECNOLOGIA É TUDO, PARA QUALQUER ÁREA. PERGUNTE-SE DE QUE FORMA ELA VAI AJUDAR A SUA IDEIA

“

OS NEGÓCIOS MUDARÃO MAIS NOS PRÓXIMOS DEZ ANOS DO QUE NOS ÚLTIMOS CINQUENTA ANOS.

”

– **BILL GATES**, megaempresário da tecnologia

Há quanto tempo você não vai à banca da esquina para comprar um jornal? Boa parte de nós, e certamente nossos pais e avós, encontravam nas publicações impressas a principal fonte de informação sobre o que ocorria na cidade, no país e no mundo. Ler o jornal no começo da manhã era uma espécie de rito, pelo qual as pessoas se sentiam informadas para mais um dia. A caminho do trabalho, era comum parar na frente das bancas para, ao menos, conferir as manchetes. Em pouco tempo, formava-se um grupo de pessoas comentando e discutindo a alta do preço do feijão, a nova descoberta científica, o crime de grande repercussão e, claro, a vitória do time do coração. Quem queria mais comodidade fazia assinatura do jornal para receber as notícias na porta de casa, bem cedo.

Sim, a leitura do jornal impresso era um hábito constante e essencial tão cristalizado em nosso imaginário coletivo que, algumas décadas atrás, ninguém acreditaria que, em um futuro tão próximo, aquele bloco de folhas impressas se tornaria obsoleto a ponto de ser extinto. De fato, grandes e respeitadas publicações de outrora sobrevivem, principalmente, apenas na forma digital – ou, simplesmente, deixaram de existir. Esse é só um dos inúmeros exemplos de como a tecnologia mudou as nossas vidas. A revolução digital do último quarto de século passado representou uma mudança só comparável, talvez, à da invenção da roda, na Antiguidade; à da imprensa, a partir de 1450; e à Revolução Industrial, que se consolidou nos séculos 19 e 20. Não se mudaram apenas processos de produção; a cultura, o comportamento e a própria maneira de a humanidade existir e se perceber também foram definitivamente transformados. Um caminho sem volta, que se readapta a cada segundo e encontra novas soluções mais rapidamente do que você lê esta frase.

Tecnologia é tudo, para qualquer área. Pergunte-se de que forma ela vai ajudar a sua ideia, deixando seu produto mais barato, tornando os serviços que presta mais rápidos ou possibilitando que os processos em sua empresa sejam otimizados. Quem não pensa em plataformas digitais está fadado ao fracasso. A digitalização não é uma escolha – é necessidade. Com a concorrência cada vez mais acirrada, a constante busca por uma entrega rápida e eficiente de produtos e serviços demanda o uso de ferramentas digitais, em uma contínua reinvenção.

Um exemplo claro de digitalização pode ser encontrado na área de varejo, especificamente no setor de supermercados. Vamos imaginar um supermercado tradicional que decide adotar tecnologias digitais para otimizar seus processos. Ao digitalizar suas operações, o supermercado poderia implementar um sistema de gestão de estoque automatizado, utilizando sensores de identificação por radiofrequência (RFID) e softwares avançados. Isso permitiria um monitoramento em tempo real do inventário, evitando falhas de reposição e reduzindo desperdícios. A automação desse processo resultaria em uma cadeia de suprimentos mais eficiente e, consequentemente, em produtos mais frescos e baratos para os consumidores.

**SEJA NOVO PARA O NOVO.
NÃO SE APROXIME DE
UMA NOVA ESTAÇÃO COM
FERRAMENTAS QUE ERAM
APROPRIADAS PARA A VELHA.**

Inovação transcendente – DANIEL CARDOSO

A ECONOMIA COMPARTILHADA VEIO PARA FICAR E ESTÁ INTRINSECAMENTE LIGADA À TECNOLOGIA.

Inovação transcendente – **DANIEL CARDOSO**

Além disso, o supermercado poderia investir em uma plataforma digital para compras online, oferecendo aos clientes a conveniência de escolher e comprar produtos pela internet. Esse canal digital não apenas agilizaria o processo de compra, mas também possibilitaria a entrega rápida dos produtos, diretamente na casa dos clientes. A introdução de um aplicativo móvel ou um site intuitivo facilitaria a experiência do usuário, incentivando a fidelidade do cliente. Tal transformação digital não é só uma modernização, mas uma resposta obrigatória a fim de que o negócio permaneça competitivo em um mercado que exige agilidade, eficiência e inovação constantes. Portanto, como já dissemos, a adoção de tecnologias digitais não é uma escolha, mas uma necessidade para atender às demandas do consumidor moderno e garantir a sobrevivência e o sucesso do negócio.

E o que dizer, então, de novos modelos de negócios surgidos nos últimos anos e cuja base é totalmente digital? Uber, Airbnb e iFood são exemplos de novas formas de entregar serviços aos clientes e parceiros por intermédio de aplicativos de celular. As ferramentas digitais desempenham um papel crucial, também, ao auxiliarem os negócios em seu processo de recriação. Elas contribuem para a transformação e a inovação nos negócios de diversas maneiras:

- **Automação de processos.** Ferramentas digitais permitem a automação de tarefas rotineiras e repetitivas, liberando tempo e recursos para atividades mais estratégicas e criativas.

- **Análise de dados.** Plataformas analíticas fornecem *insights* valiosos por meio da análise de grandes volumes de dados, ajudando as empresas a entenderem melhor o comportamento do cliente, identificarem tendências de mercado e tomarem decisões baseadas em dados.

- **Melhoria da experiência do cliente.** Ferramentas digitais possibilitam a criação de experiências personalizadas para os clientes, desde o marketing até o suporte pós-venda, contribuindo para sua fidelização e satisfação.

- **Presença online.** A presença digital é essencial nos dias de hoje. Plataformas online, redes sociais e websites ajudam as empresas a alcançarem um público mais amplo, ao mesmo tempo que criam uma imagem de marca forte e facilitam sua interação com os clientes.

- **Inovação colaborativa.** Ferramentas de colaboração online facilitam a comunicação e o trabalho em equipe, permitindo que colaboradores compartilhem ideias e contribuam para a inovação de maneira mais eficiente.

- **E-commerce e digitalização de vendas.** Tecnologias digitais aplicadas ao processo de vendas e presença em plataformas de comércio eletrônico expandem o alcance dos negócios, permitindo que conquistem clientes em diferentes regiões geográficas.

- **Gestão eficiente.** Sistemas de gestão empresarial integrados proporcionam maior eficiência na administração financeira e operacional, possibilitando a tomada de decisões mais acuradas.

- **Adoção de tecnologias emergentes.** A integração de tecnologias emergentes, como inteligência artificial, *machine learning*, *blockchain* e realidade aumentada, possibilita a criação de soluções inovadoras e aprimora a competitividade.

As ferramentas digitais são facilitadoras essenciais para a agilidade e o posicionamento dos negócios, capacitando-os a se adaptarem rapidamente às mudanças do mercado. Elas aprimoram a eficiência operacional e oferecem soluções inovadoras aos clientes. É por isso que cada vez mais empresas investem em tecnologia para organização, produção e distribuição aos seus clientes e consumidores. Hoje, a cada dia, se constroem os chamados blocos de soluções. Antigamente, para um negócio funcionar, você tinha de solucionar todos os aspectos que o envolviam – e o esforço era enorme! Hoje, para construir uma solução na era da economia compartilhada, posso ir ao mercado ver que soluções já criadas por outros se encaixam na minha demanda. Só preciso, portanto, encontrar as pequenas soluções que, colocadas juntas, criam a minha grande solução. E, melhor ainda, a minha solução de hoje pode ser utilizada por alguém amanhã, para elaborar a sua própria solução. É por isso que chamo esse processo de blocos de soluções, pois representam a construção de sistemas modulares e integrados. Esses blocos consistem em diferentes componentes tecnológicos que, quando combinados, formam soluções abrangentes, capazes de atender a diversas necessidades empresariais. Essa abordagem modular oferece flexibilidade, permitindo que as empresas adaptem suas tecnologias de acordo com as mudanças nas demandas do mercado.

Além disso, a inteligência artificial, a internet das coisas e a análise preditiva emergem como elementos-chave na construção desses blocos de soluções. Essas tecnologias não apenas fornecem *insights* valiosos, mas também antecipam tendências, possibilitando que as empresas tomem decisões estratégicas. O investimento crescente em tecnologia para organização, produção e distribuição representa uma resposta adaptativa ao panorama empresarial contemporâneo. Os blocos de soluções refletem a construção cuidadosa de estruturas tecnológicas que capacitam as empresas a prosperarem em ambientes de negócios dinâmicos e competitivos, moldando assim o futuro da inovação empresarial.

Ao unir e integrar soluções oferecidas por outras empresas e startups, você pode construir uma abordagem mais ágil, flexível e eficaz para atender às demandas dinâmicas do mercado. A seguir, desenvolvemos esse tema, explorando como a criação de negócios digitais pode se beneficiar dessa estratégia modular:

- **Colaboração inter-startup.** A criação de um negócio digital não precisa, necessariamente, começar do zero – aliás, não deve. Empreendedores visionários podem explorar parcerias colaborativas com outras startups, aproveitando as soluções especializadas que cada uma oferece.

  A colaboração inter-startup permite que empresas iniciantes combinem suas competências, formando uma rede sinérgica de inovação. Isso pode incluir desde tecnologias de ponta até práticas de gestão e estratégias de marketing.

- **Construção modular.** Adotar uma abordagem modular na construção de um negócio digital permite a incorporação de blocos de soluções de outras startups. Isso implica selecionar e integrar componentes específicos que agregam valor ao modelo de negócios da startup em questão. Cada bloco representa uma solução especializada, podendo abranger desde o uso de APIs, webservices e automação de processos até a análise de dados, proporcionando uma estrutura flexível que pode ser ajustada conforme as necessidades evoluem.

- **Ecossistema empresarial.** O desenvolvimento de um ecossistema empresarial diversificado, composto de diferentes startups, cria uma rede interconectada de inovação. Essa sinergia pode resultar em benefícios mútuos, pois as startups colaboradoras contribuem com suas competências únicas para fortalecer o conjunto.

- **Agilidade e inovação.** A abordagem de blocos de soluções oferece uma vantagem significativa em termos de agilidade e capacidade de inovação. Startups podem adaptar rapidamente seus modelos de negócios, incorporando novas soluções conforme as tendências do mercado evoluem, sem a necessidade de recriar toda a estrutura. Exemplos de negócios digitais bem-sucedidos que adotam essa abordagem incluem plataformas de e-commerce que integram soluções de pagamento, logística e análise de dados de diferentes startups especializadas. Empresas de tecnologia financeira (*fintechs*) também podem se beneficiar ao combinarem soluções de *blockchain*, inteligência artificial e segurança cibernética de diversas fontes.

O uso estratégico de blocos de soluções não apenas impulsiona o lançamento eficiente de novos negócios digitais, mas também promove um crescimento sustentável, permitindo ajustes contínuos conforme a startup se expande e evolui.

Economia compartilhada

A verdade é que existem tantas soluções que é só ir montando a caixinha. Este é um conceito básico das startups: alguém já pensou nos pequenos problemas que você está tendo, o que lhe possibilita desenvolver ideias a partir daquilo. Conecte os pontos para resolver as pequenas questões que têm de ser superadas enquanto resolve seu grande problema, aquele que só você pode resolver do seu jeito. Logo, você não precisa criar uma solução para pagamento de seus colaboradores ou para distribuição de seus produtos – já há, no mercado, uma infinidade de *players* que lidam bem com isso. Basta, portanto, atraí-los para o seu lado. Você precisa saber se conectar com quem está também resolvendo coisas. Traga para perto quem é bom e o que funciona.

A economia compartilhada, amplamente conhecida como *sharing economy*, desempenha um papel crucial no ecossistema de startups, impulsionando a criação de soluções inovadoras estruturadas sobre plataformas e serviços já existentes. Esse modelo econômico, baseado na colaboração, no compartilhamento eficiente de recursos e na maximização do valor, tem influenciado diretamente a forma como as startups desenvolvem seus negócios. No âmbito da colaboração entre startups, a economia compartilhada fomenta parcerias estratégicas, permitindo que empresas especializadas em diferentes áreas se unam para criar soluções mais completas e eficazes. Além disso, a concepção de plataformas de ecossistema se torna uma tendência, proporcionando um ambiente centralizado para a integração de diversos produtos e serviços, o que facilita a construção de soluções mais abrangentes.

As startups também têm explorado a criação de plataformas dedicadas ao compartilhamento de recursos, como espaços de trabalho, equipamentos e conhecimentos especializados. Esse compartilhamento eficiente de ativos contribui para uma economia mais sustentável e uma utilização mais eficiente dos recursos disponíveis. A economia compartilhada no ecossistema de startups promove uma inovação incremental, em que empreendedores podem construir sobre conquistas e soluções preexistentes. Apesar dos benefícios, é importante destacar que a economia compartilhada enfrenta desafios regulatórios, especialmente relacionados à segurança, privacidade e conformidade legal. Essas questões precisam ser cuidadosamente consideradas para garantir o crescimento sustentável desses modelos de negócios.

Exemplos práticos de como a economia compartilhada impulsiona a inovação no ecossistema de startups incluem empresas que oferecem serviços de transporte e aluguel de espaços de trabalho compartilhados, plataformas de compartilhamento de habilidades e marketplaces colaborativos.

Segundo dados da Associação Brasileira de Startups relativos ao período de 2015 a 2019 (antes, portanto, da eclosão da pandemia de covid-19), o número dessas iniciativas no país mais que triplicou, passando de 4.151 para 12.727 – um salto de mais de 200%. Ainda de acordo com a entidade, a média de crescimento é de 26,75% por ano. Porém, a economia compartilhada está intrinsecamente ligada à tecnologia. Sem tecnologia, seu negócio será como um antiquário em plena Avenida Paulista: inadequado, ultrapassado e predestinado ao fracasso. Não que os antiquários não tenham valor, muito pelo contrário. Esses estabelecimentos são preciosos e terão sempre espaço para existir, já que oferecem produtos que remontam à nossa memória afetiva e são maravilhosos para decoração. Quem não gosta de visitar um antiquário? No entanto, é preciso que esse gênero de negócio funcione em localização apropriada, que estimule a contemplação e a nostalgia – e o ambiente da Paulista, uma das mais movimentadas avenidas de país, é tudo menos isso.

Reinvenção digital

Voltando ao exemplo do início deste capítulo, jornais e revistas foram reinventados com o advento da comunicação digital. Já na última década do século 20, as principais editoras do país começaram a

AS FERRAMENTAS DIGITAIS SÃO FACILITADORAS ESSENCIAIS PARA A AGILIDADE E O POSICIONAMENTO DOS NEGÓCIOS, CAPACITANDO-OS A SE ADAPTAREM RAPIDAMENTE ÀS MUDANÇAS DO MERCADO.

montar plataformas para a distribuição de seu produto – a informação – no ambiente virtual. Surgiram as primeiras versões online de periódicos tradicionais, alguns deles já centenários. Lembro-me bem da previsível resistência inicial: quem estava acostumado a "sujar os dedos" de tinta folheando os jornais dizia que jamais leria as notícias numa tela de computador. Hoje, embora os veículos impressos ainda existam – e continuarão existindo por muito tempo –, a absoluta maioria dos leitores utiliza as versões digitais. O detalhe é que os jornais online surgiram como simples reproduções tecnológicas das edições impressas. Com o tempo, porém, uma nova forma de fazer jornalismo foi desenvolvida, com linguagem própria, enorme interatividade com o leitor e referências praticamente infinitas a outras fontes. Assim, essa nova modalidade de produzir e consumir informação criou vários modos de se fazer notícia, além de permitir uma maior participação do público. Reinvenção, foi isso que aconteceu. Uma revolução digital.

O exemplo da Netflix, hoje uma plataforma largamente utilizada, é ótimo. Ela começou alugando DVDs. O grupo fazia um pacote de aluguel semanal, com vantagens para fidelizar o público. Depois, a Netflix criou uma assinatura que dava direito a uma quantidade limitada de DVDs mensais, atraindo ainda mais público enquanto concorria com a então poderosa Blockbuster. A Blockbuster chegou a declinar de uma oferta para comprar a Netflix por uma bagatela de poucos milhões de dólares. Passado o tempo, a Netflix "pivotou" sua estratégia e começou a oferecer os filmes online, em uma novidade que era a plataforma de streaming. Criou-se, então, o modelo de assinaturas, hoje dominante no mercado. Agora ela faz maciços investimentos em produções próprias – e o resto é história.

Portanto, seja novo para o novo! Não se aproxime de uma nova estação com ferramentas que eram apropriadas para a velha. Se não soubermos criar o próximo movimento, nossas ideias não terão campo para serem colocadas em prática e morrerão. Digitalização não é coisa, como se diz, "da tecnologia", pois tudo é tecnologia. Todos os negócios, hoje, precisam dela. Imagine uma empresa familiar que produza bolos saborosos, que encantam aqueles que os consomem. A relação custo-benefício é ótima; os vizinhos apreciam a qualidade dos bolos; e o "boca a boca" se encarrega de espalhar a notícia pelo bairro. Porém, a menos que aquela família queira atender apenas aos moradores da própria região, que vão pessoalmente comprar o bolo, terá de montar uma plataforma digital ou se associar a uma para receber os pedidos, fazer as entregas, organizar a produção e o fluxo de caixa e ampliar o empreendimento. Portanto, a digitalização é a estrada por onde os negócios passam.

Sempre combati aquela visão segundo a qual a tecnologia tira empregos. Muito pelo contrário: ela aumenta o nível dos postos de trabalho, transformando-os e dignificando o trabalhador, elevando-o a atividades mais elaboradas e bem-remuneradas. Na Revolução Industrial, as máquinas potencializaram nossos músculos; agora, na Era Tecnológica, os computadores potencializaram nossos cérebros. Cada vez mais, serviços triviais e corriqueiros serão realizados por máquinas e softwares. Já os serviços de repetição contínua e pouco valor intelectual agregado tendem a morrer, empurrando os humanos para a camada superior, decisória, inteligente e insubstituível. Isso deve ocorrer nas mais diversas atividades, das ciências exatas à indústria, do setor terciário à produção agrícola, do serviço público à área médica. Basta ver o que tem acontecido nas ciências jurídicas. A tendência é o desaparecimento dos chamados advogados juniores, tradicionalmente encarregados das etapas iniciais da tramitação processual, elaboração de petições iniciais etc. Com o advento da inteligência artificial, softwares que analisam os casos, coletam as jurisprudências e montam despachos previamente prontos tendem a tomar esse mercado. Muitas *lawtechs* têm surgido com essa proposta. O analista "raso" tende a não mais existir, ao passo que o especialista se tornará cada vez mais essencial ao processo.

Adaptação a mudanças

De tempos em tempos, as empresas precisam inovar, para que não percam a fatia que lhes pertence no mercado. Assim, a tecnologia se faz verdadeiramente importante, pois contribui, com suas ferramentas, para que as organizações criem mecanismos e softwares, bem como produtos e serviços, ainda mais eficazes. Dessa maneira, elas poderão atender seus clientes com maior efetividade e fidelizá-los à marca.

Outro grande benefício da tecnologia, que a torna verdadeiramente importante no contexto empresarial, é a sua enorme capacidade de ajudar empresas, bem como as mais diversas instituições, a reduzirem custos. Isso acontece por meio da utilização de softwares que auxiliam, por exemplo, no controle de estoque, na verificação de produção, na supervisão financeira, na comunicação entre colaboradores e destes com os clientes, e assim por diante.

Outro ganho que se obtém ao investir cada vez mais em recursos tecnológicos nas empresas é o aumento da produtividade das equipes. Esse processo pode ser realmente otimizado, também, por meio de ferramentas digitais de gestão de projetos e tarefas. Elas ajudam a tornar a execução das atividades mais fluidas, uma vez que os profissionais passam a focar mais suas demandas, elevando consideravelmente a sua produtividade e os resultados alcançados.

O atendimento ao cliente é outro processo organizacional em que a tecnologia tem se mostrado bastante eficaz. Por meio de ferramentas como as redes sociais, bem como softwares de telefonia e gestão de clientes, é possível estar em contato mais próximo com seu público, o que permite entender melhor seus anseios e suas necessidades. Reclamações, pedidos e contatos podem ser respondidos de forma imediata, mantendo, assim, o atendimento de excelência e também a satisfação do cliente em níveis elevados.

Os recursos tecnológicos também têm ajudado as empresas a se adaptarem com cada vez mais facilidade às constantes mudanças que acontecem no mercado. Por meio deles, as corporações trabalham da melhor maneira possível a sua flexibilidade, bem como a sua agilidade para lidar com situações inesperadas, sendo estas positivas ou negativas. Assim, a partir dessa plasticidade, empresas se tornam muito mais competitivas e se destacam no mercado, já que, nesse quesito, estão saindo na frente das demais. E o que dizer, então, da capacitação dos colaboradores? Antes, era preciso realizar treinamentos presenciais e reservar um tempo, durante o período de trabalho, para que os funcionários participassem, gerando interrupções na jornada e no processo produtivo.

Agora os setores de recursos humanos ganharam um grande aliado: o ensino a distância. Com ele, o treinando pode se aperfeiçoar nos horários que achar mais convenientes, o que proporciona inegável ganho de aproveitamento. Hoje, para que um profissional se capacite, nem é preciso sair da mesa de trabalho. Basta ligar o computador e assistir a uma palestra, um curso, um workshop ou um treinamento que vai ajudá-lo a desempenhar cada vez melhor suas atividades. É cada vez maior a oferta de conteúdos e aulas online – em muitos casos, de maneira gratuita. Basta querer!

A internet pode ser uma ferramenta excelente para auxiliar no crescimento e desenvolvimento de uma empresa. Com ela, é possível fazer divulgações de produtos e serviços, conquistar novos clientes e adiantar processos que, no passado recente, somente poderiam ser feitos com a presença física do cliente. A crise sanitária provocada

TECNOLOGIA NÃO TIRA EMPREGOS. MUITO PELO CONTRÁRIO; ELA AUMENTA O NÍVEL DOS POSTOS DE TRABALHO, TRANSFORMANDO-OS.

Inovação transcendente – DANIEL CARDOSO

pela pandemia do novo coronavírus forçou milhares de empresas a acelerarem sua migração para plataformas digitais. O incremento do e-commerce é a face mais evidente dessa metamorfose. Apenas no primeiro semestre de 2020, com lojas físicas fechadas por conta da covid-19, o setor registrou um crescimento de 47%, conforme estudo realizado pela Ebit/Nielsen em parceria com a Elo. O consumidor que ainda tinha receio de fazer compras online teve de quebrar paradigmas e fechar negócios na telinha do celular com o mercado, a butique, a farmácia, a loja de eletrodomésticos – e não se arrependeu, pois o e-commerce veio para ficar.

Alguns programas e plataformas podem verificar, ainda, onde há chance de melhorias e reparos, para que a empresa sobreviva ao mercado em meio a tanta concorrência. Sabe-se que a tecnologia vem para ajudar as pessoas em seus processos, e não para substituí-las. Assim, ela deve ser empregada a fim de contribuir para os negócios, ajudando o empreendedor a alcançar resultados extraordinários em sua trajetória. Com mudanças acontecendo o tempo todo, afetando diretamente a produtividade e a eficiência das companhias, pontos importantes para o funcionamento e a sobrevivência de qualquer organização no mercado passam pelo meio digital. É o transcendente, também pela via tecnológica, alcançando o imanente e gerando ótimos resultados!

PONTO DE AÇÃO

Vivemos a era da economia compartilhada. A solução de que você necessita para fazer o seu negócio ser mais produtivo ou para desatar aquele nó que atrapalha seu fluxo, muito provavelmente, já existe – então, você não precisa se desgastar para encontrá-la sozinho. Este é um conceito básico das startups: alguém já pensou nos pequenos problemas que você está tendo, o que lhe possibilita desenvolver ideias a partir daquilo. Conecte os pontos para resolver as pequenas questões que têm de ser superadas enquanto resolve seu grande problema, aquele que só você pode resolver do seu jeito. Já há, no mercado, uma infinidade de *players* que lidam bem com aquilo que tem sido sua demanda. Basta, portanto, atraí-los para o seu lado. Você precisa saber se conectar com quem está também resolvendo coisas. Traga para perto de você quem é bom e aquilo que já se mostrou funcional.

VISÃO TRANSCENDENTE

Tecnologia é tudo, para qualquer área. Pergunte-se de que forma ela vai ajudar a sua ideia deixando seu produto mais barato, tornando os serviços que presta mais rápidos ou possibilitando que os processos em sua empresa sejam otimizados. Então, digitalize-se – e cresça!

CAPÍTULO 9

QUAL É, REALMENTE, O SEU NEGÓCIO?

PARA EXISTIR NO MERCADO, UM PRODUTO OU SERVIÇO PRECISA TER VIABILIDADE COMERCIAL, ESCALA E PERSPECTIVA DE LUCRO

“

PARA TER UM NEGÓCIO DE SUCESSO, ALGUÉM, ALGUM DIA, TEVE QUE TOMAR UMA ATITUDE DE CORAGEM.

”

– **PETER DRUCKER (1909–2005)**, escritor e especialista em administração e vendas

A esta altura de *Inovação transcendente*, já caminhamos bastante no entendimento da essencialidade das ideias em nossas vidas, relacionamentos e carreiras. Aprendemos como, por meio delas, o transcendente toca o imanente para gerar transformação; vimos, também, que todos nós nascemos com um propósito e podemos, por meio das ideias, alcançar aquilo que fomos destinados a ser. Discutimos como a atitude de entregar-se à zona de paralisia é perigosa e que cabe a nós, a partir da visitação transcendental, sermos capazes de resistir aos "nãos" que recebemos. A força multiplicadora, descrita no capítulo 5, é aquela motivação que toma conta de nós quando ideias melhores nos ocorrem, o que permite deixar de lado práticas menos proveitosas e seguir adiante.

Vimos, também nos capítulos 6 e 7, que as soluções fluem à medida que corrigimos as rupturas nos processos produtivos, que serão muito mais eficientes caso tenhamos, ao nosso lado, pessoas alinhadas com nossa visão. Finalmente, abordamos que, neste mundo digital, só quem investe em tecnologia consegue crescer.

Agora, contudo, chegamos a um questionamento crucial, a partir do qual tudo o que foi visto até aqui fará, ou não, sentido para sua empresa, seu grupo ou sua atividade profissional: você tem certeza de que tem um negócio? Assegurar-se de que você faz algo que é recompensado por alguém vai levá-lo a estruturar o seu negócio de fato.

Temos como ênfase que ideias são a base de tudo; contudo, não adianta a ideia ser boa, ser trazida para o mundo concreto e começar a ser praticada – o produto precisa ser interessante de fato, ter o real interesse do seu público-alvo, dos seus usuários e compradores, e ser testado. A materialização ou execução da ideia deve ser *premium*. Como idealizadores, em geral somos extremamente apaixonados por nossa ideia, a ponto de não conseguirmos enxergar o melhor caminho para desenvolvê-la. Lembre-se do que já vimos: "pivotar" faz parte do processo. Estruture o negócio de tal maneira que o dinheiro flua através dele. Costumo criar metas a cada ideia que desenvolvo. Por exemplo: o produto deve quebrar a "barreira do primeiro real"; temos que executar a primeira venda ou assinatura. Após isso, outras metas financeiras, comerciais e produtivas são colocadas, e vamos validando a tese de negócio previamente criada.

Para tanto, você precisa de um *business plan*. Não é aquele plano de negócio antigo, um calhamaço de papel com dezenas de gráficos e centenas de páginas. Hoje o modelo ideal é fazer um *business canvas* e elaborar planilhas, desenvolvendo os números do negócio. Ao contrário de outras gerações de empreendedores, você não pode gastar dois ou três meses fazendo isso; tem que fazer rápido e dominar os números do seu produto. Qual é o valor do seu negócio? Qual é a taxa interna de retorno mínima esperada? Qual é a projeção de EBITDA, ou seja, *Earnings before interest, taxes, depreciation and amortization*? Qual será seu lucro antes dos custos com juros, impostos, depreciação e amortização? E quanto a despesas ou investimentos em bens de capital (Capex), desde um computador até a máquina pesada de que sua indústria necessita? É preciso ter bem dimensionadas, também, quais serão as despesas operacionais, conhecidas no meio pela sigla Opex (*operation expenditure*). Ou seja: quanto custa para produzir e qual é o valor de venda? Em quanto tempo o dinheiro investido voltará? Quando se dará o *breakeven* da operação, isto é, a dimensão do quanto a empresa precisa faturar para igualar as receitas e despesas a fim de não ter prejuízo? Domine as informações financeiras.

Gerencie o caixa da sua operação e você estará, de fato, gerenciando o seu projeto. Além disso, faça o seu produto com o seu público. Não caia na besteira de gastar anos produzindo algo que você não sabe se terá adesão do consumidor, ou se de fato resolverá o problema de alguém. Para isso, o caminho certo é adotar a visão do *minimum viable product* (MVP), ou mínimo produto viável. Adotar a visão MVP significa que você entregará ao seu público uma primeira versão daquilo que idealizou; ou seja, algo que ainda não tem tudo de que ele necessita, mas que já lhe fornece o básico para começar a ser utilizado. Seria uma versão que tenha as peças mínimas para um uso satisfatório. A partir disso, vá ouvindo seus usuários, validando sua tese, absorvendo ideias e críticas dos consumidores e formatando novas versões, que tornarão o seu produto cada vez mais robusto. Não faça algo *para* as pessoas – faça algo *com* elas!

Lembre-se de que *small is the new big*, ou seja, o pequeno é o novo grande. Ser rápido é a vantagem para agora. Entregue algo ao seu público e valide-o com ele – e, se tiver que falhar, falhe rápido. Porém, não se esqueça de corrigir rapidamente da mesma maneira, sob pena de perder adeptos do seu produto. Esse é mais um motivo para fazer as coisas com as pessoas. Crie uma comunidade em torno do seu produto. Promova-os de usuários/clientes a fãs da sua marca/produto; assim, eles se sentirão parte do processo e, consequentemente, também serão mais tolerantes a eventuais falhas. Eles o ajudarão a encontrar o melhor caminho para que a execução da sua ideia se consolide.

Agora, pense com clareza: como o dinheiro flui nessa ideia? Se não fluir dinheiro, não funciona. Se alguém não se motivar a pagar pelo seu produto ou serviço, você não tem um negócio. Seja o grande público o pagante do seu projeto, o que lhe garante escala, sejam empresas que pagarão pelos dados a respeito da utilização do produto por usuários não pagantes, você precisa decifrar na equação qual é a fonte dos recursos. Como já disse, trabalho com startups o tempo todo e posso me considerar um dos principais *players* do setor de aceleração de negócios no país. Tenho a aceleradora, promovo o *coworking* e disponibilizo esses meios gratuitamente, pois quero essa gente criativa perto de mim. Em minha experiência, tenho visto muita coisa boa nascendo! Tenho enorme satisfação em promover novos empreendimentos. Às vezes, contudo, alguém tem uma sacada genial e vem falar comigo com todo o entusiasmo – porém, não consegue responder ao questionamento crucial: de onde virá o dinheiro? Simplesmente não há um negócio ali; algo que se caracterize como um produto ou serviço plenamente identificado a ser desenvolvido, uma boa chance de viabilidade no mercado, escala e, claro, a perspectiva de lucro. Ninguém vai investir em ideias vazias, afinal de contas.

Se faltar uma dessas coisas, você não está maduro para receber investimento. Portanto, não há a oferta de um retorno atrativo capaz de atrair sócios e investidores, nem vale a pena negar o ócio por isso (aliás, é isso que a palavra "negócio" significa – ele tem que ser bom o suficiente para me fazer entrar em ação). É preciso diferenciar bem o que é um negócio do que é um projeto pessoal. Vamos começar por este último. O projeto pessoal é aquilo a que nos dedicamos por diletantismo, gosto ou paixão. Você pode ter o sonho de ser astronauta, e hoje isso é muito mais viável do que na época da conquista do espaço, nos anos 1960, quando apenas a agência espacial americana promovia o Projeto Apolo. Atualmente, já há empresas oferecendo passeios siderais a quem se dispuser a pagar algo como US$ 1 milhão. Portanto, se esse é o seu sonho e você dispõe de recursos suficientes, vá em frente! Porém, não apresente essa ideia ao mercado como oferta de negócio, pois nenhum investidor vai querer botar um real que seja para ajudá-lo a realizar o seu projeto pessoal de viajar pelo espaço sideral.

A iniciativa pode ser, também, filantrópica, e aí a natureza é completamente diferente. Sem ter o lucro como objetivo, é possível sonhar e realizar, apresentando aos parceiros outro tipo de retorno: satisfação pessoal, senso de realização, reforço da imagem da marca pelo envolvimento com o terceiro setor e muito mais. Grandiosas empreitadas de ação social têm sido colocadas em ação por todo o Brasil, o que é maravilhoso e mais que necessário em uma sociedade tão desigual como a nossa. No entanto, apresente sua ideia com clareza e honestidade, sem quaisquer promessas que não possa cumprir.

Pensamento em escala

Negócio, para valer, é algo bem diferente do "um-para-poucos" do passado. Um negócio contemporâneo é um produto que tem escala exponencial e visão global, resolve problemas complexos com simplicidade, serve ao maior número de pessoas possível, realiza muito com a menor quantidade de recursos e é capaz de garantir rentabilidade para seus acionistas e lucro em longo prazo – sempre lastreado por tecnologia, que é a plataforma para que o negócio garanta escala.

Portanto, você precisa pensar em escala: fazer muito mais com muito menos. Use estruturas, em vez de construí-las. Você se lem-

TENHA CONTROLE SOBRE O CAIXA DA SUA OPERAÇÃO E VOCÊ ESTARÁ, DE FATO, GERENCIANDO O SEU PROJETO.

bra da conversa de montar um Lego de soluções? Pois bem, coloque isso em prática. Tenha times sob demanda, tanto para a construção do produto como para a expansão e o marketing. Mantenha as pessoas-chave na empresa – de preferência, como sócios. Quanto aos demais colaboradores, contrate-os sob demanda, evitando inchar a sua corporação. Lembre-se de que o pequeno é o novo grande.

Os conhecimentos já compartilhados neste livro permitem que você analise os aspectos do seu negócio, e como ele será expandido, por meio de questionamentos e entendimentos. Defina se seu produto é B2B ou B2C. Qual é o tamanho do mercado e como você vai se conectar com seu público? Qual é o *market share*, a fatia de mercado a ser conquistada por sua ideia? Quais são os números, e de que forma eles se sustentam? Qual é a estrutura de marketing necessária? Quais são os canais de distribuição do seu produto? Quais são os parceiros-chave?

Questione-se sobre os números. Como fazer para que sua ideia aconteça? Em quanto tempo vai surgir o lucro real e quais são as margens do seu negócio? Existem planilhas que projetam essas estruturas de custo e de receita. A receita nada mais é que uma estimativa – você estima e vai acompanhando. E esteja pronto para "pivotar", quanto e quando necessário.

Uma poderosa ferramenta na criação de um negócio é a intermediação. Ela é sempre um bom negócio, se corretamente escolhida e aplicada. Já vimos como é possível conectar os pontos e ser recompensado por isso. Na nova economia, mesmo empreendedores dos ramos mais tradicionais, como os de prestação de serviços e alimentação, têm se beneficiado desse sistema. É isso que fazem grupos como Uber, iFood, Apple (com a App Store) etc. Portanto, para certificar-se de que você tem não somente uma ideia, mas um negócio, é preciso saber fazer a si mesmo as perguntas certas. Elas é que o levarão à conclusão correta.

Chegou a hora de preencher um *business canvas* e tecer planilhas para todo o seu negócio. O *business model canvas* é um meio de gerenciamento estratégico, sendo um facilitador na criação de modelos de negócio em um único quadro. É um mapa visual do seu negócio, contendo nove blocos que se propõem a responder às seguintes perguntas:

- Como? (As atividades-chave, os recursos-chave e os parceiros)
- O quê? (Proposta de valor)
- Para quem? (Segmento de consumo, canais e relacionamento com clientes)
- Quanto? (Estrutura de custos e fluxos de receitas)

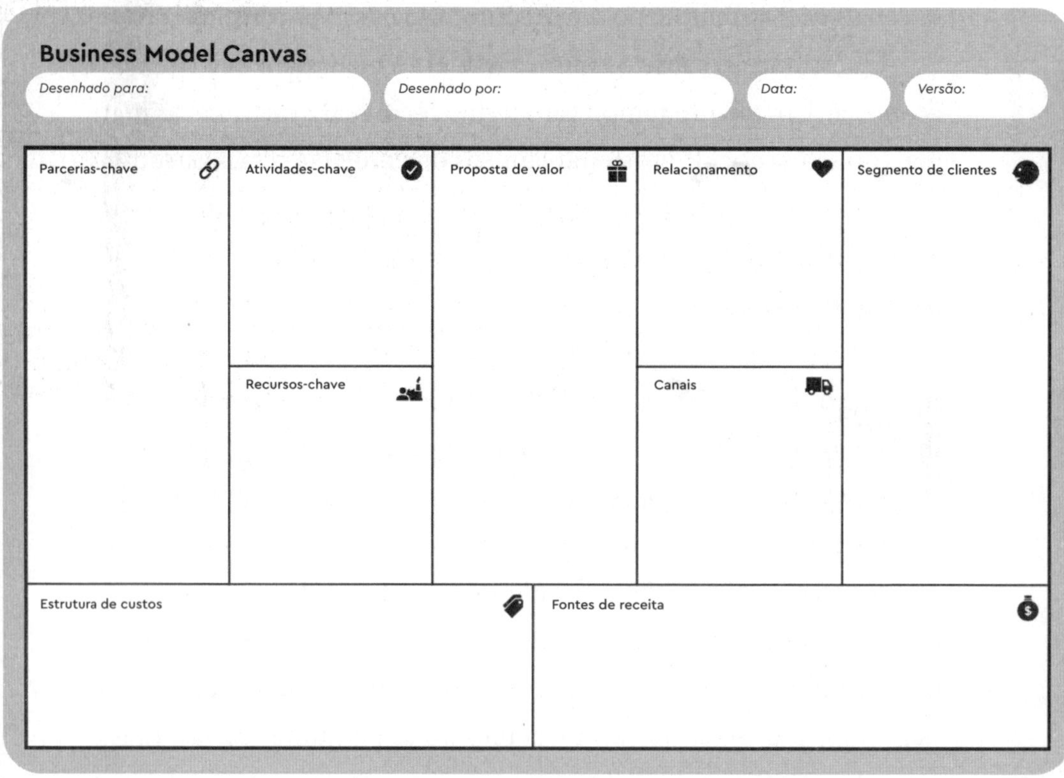

PARA CERTIFICAR-SE DE QUE VOCÊ TEM NÃO APENAS UMA IDEIA, MAS UM NEGÓCIO, É PRECISO SABER FAZER A SI MESMO AS PERGUNTAS CERTAS.

Inovação transcendente – **DANIEL CARDOSO**

PONTO DE AÇÃO

Jamais confunda o que são seus projetos pessoais com um negócio. Se você, por exemplo, sempre desejou ser astronauta, junte os recursos necessários, inscreva-se em uma das empresas que organizam viagens ao espaço e realize seu sonho! Porém, não o apresente ao mercado como uma oportunidade de negócio. Negócio, para valer, é algo bem diferente disso. Um empreendimento empresarial de negócio contemporâneo é algo que tem escala exponencial e visão global, resolve problemas complexos com simplicidade, serve ao maior número de pessoas possível, realiza muito com a menor quantidade de recursos e é capaz de garantir rentabilidade para os agentes envolvidos e lucro no longo prazo – sempre lastreado por tecnologia, que é a plataforma para que o negócio garanta escala. Defina o que você quer fazer, certifique-se de que é realmente um negócio e vá em frente.

VISÃO TRANSCENDENTE

O pequeno é o novo grande. Quem age rápido e de maneira certa sai na frente e se mantém na dianteira. Se a visão transcendente o visitar, não demore a transformá-la em ações calculadas, mensuráveis e ágeis. Porém, não se esqueça de corrigir rapidamente as imperfeições e as lacunas que só a execução da sua ideia vai revelar.

APRESENTE SUA IDEIA COM CLAREZA E HONESTIDADE, SEM QUAISQUER PROMESSAS QUE NÃO POSSA CUMPRIR.

Inovação transcendente – **DANIEL CARDOSO**

CAPÍTULO 10

TIRE O MEDO DE SUA FRENTE

HÁ, EM NOSSA VIDA, UM CONFRONTO PERMANENTE ENTRE ABUNDÂNCIA E ESCASSEZ, ENTRE CAPACIDADES E INCAPACIDADES – E É NESSE PALCO QUE VOCÊ PRECISA ATUAR

“

VOCÊ GANHA FORÇA, CORAGEM E CONFIANÇA ATRAVÉS DE CADA EXPERIÊNCIA EM QUE REALMENTE PARA E ENCARA O MEDO DE FRENTE.

”

– **ELEANOR ROOSEVELT (1884-1962)**, primeira-dama dos EUA e ativista dos direitos humanos

Medo. Poucas palavras têm aplicações tão diversas quanto essa. O medo é um sentimento que nos acompanha por toda a vida e que, se não colocado na sua devida dimensão, causa enormes transtornos e prejuízos. Muito já se falou sobre o chamado medo saudável, aquele tipo de precaução que nos impede de correr perigos desnecessários ou dar passos imprudentes. Não é dele que vamos tratar aqui, e, sim, do medo paralisante, aquele temor que nos absorve as energias e nos põe cadeias de impossibilidades. Nossas maiores realizações estão do outro lado da barreira de medos que nos cerca. Se você foi chamado pela vida para fazer algo, precisa antes tirar o medo da sua frente. O medo de perder é o que nos impede de ganhar. Temos medo do fracasso, do ridículo, do futuro, de fazer mal feito; enfim, o ser humano é suscetível ao medo. Até que ponto vamos nos deixar levar por ele é o desafio que enfrentamos todos os dias.

Na carreira profissional e no empreendedorismo, o medo é um obstáculo enorme. Ele nos leva a duvidar de nossas ideias, desmerecer nossas capacidades e enxergar dificuldades como maiores do que realmente são. Quem se rende ao medo de avançar fica paralisado.

Quem age assim tende a fracassar antes mesmo de buscar o sucesso. Render-se ao medo é um dos principais motivos que impedem o nosso crescimento pessoal e profissional. Muitos dos que desistiram devido ao medo e ficaram pelo caminho são pessoas extremamente capazes, como aquele garçom que me atendeu ou o taxista que me conduziu – ambos demonstraram capacidade de ter boas ideias, mas suas crenças limitantes os detiveram. Inúmeras pessoas têm tido ótimas ideias, mas cedem a atitudes mentais negativas e direcionam seu tempo e sua energia àquilo que acham mais fácil e cômodo de fazer, em vez de investir tudo no seu propósito. Elas se concentraram no problema, e não na solução. Bloquearam o transcendente em suas vidas.

O detalhe é que nem sempre o medo é a ausência de coragem. Todos os corajosos que conheço admitem sentir medo em diversas ocasiões – contudo, sua coragem reside justamente em enfrentar aquele sentimento paralisante. Então, agir com coragem é aquilo que você faz mesmo quando se sente atemorizado. É uma questão de superação, que só alcançamos com disciplina e acertos. Apequene o problema, e não a si mesmo. Descubra a sua grandeza e aja a partir dela. Reduza o problema a pequenas ações necessárias para superá-lo, e em pouco tempo você estará realizando o que tinha como impossível.

Quando ganhei os primeiros contratos com os bancos, vivi experiências desse tipo. Eu tinha um bom produto e muita vontade, mas não o *background* de relacionamentos, e precisava enfrentar a concorrência de *players* muito maiores que eu. A impossibilidade gritava que aquele não era um mundo para mim! O jargão popular diz, normalmente, que o "não" nós já temos; porém, aprendi com o transcendente que é exatamente o contrário: o que eu já tenho é o sim! Movido internamente por isso, continuei em frente, mostrei o meu produto ao mercado, encarei o medo e disse a ele que meu propósito era maior. Foi assim que fiz história, tornando-me fornecedor de praticamente todos os bancos do país.

Nossa estrutura cerebral nos estimula a sempre buscar caminhos já conhecidos e sabidamente seguros. Dessa forma, nossa tendência é repetir aquilo que tem dado certo e evitar passos que consideramos mais arriscados. No mercado, isso pode ser visto no perfil dos investidores. Há os aplicadores chamados conservadores, que preferem ver seu dinheiro em negócios menos rentáveis, porém tidos como mais seguros. A caderneta de poupança, por exemplo: queridinha dos brasileiros, ela é a forma de investimento mais popular e acessível. Na época da inflação galopante, entre as décadas de 1970 e 1980, era nela que as pessoas resguardavam seu dinheiro contra a corrosão diária. A poupança é relativamente segura como investimento, e nem mesmo o trauma do Plano Collor, em 1990 – quando todos os ativos depositados foram retidos sumariamente pelo governo federal, levando o país a um estado de choque –, abalou essa confiança. Contudo, sua rentabilidade é baixíssima e, quase sempre, não representa ganho real, diferentemente de outros investimentos tidos como mais ousados, como os títulos do governo ou a bolsa de valores. Quem ousa mais, direcionando seus recursos a negócios mais arriscados, porém muito mais lucrativos, não costuma se arrepender.

Na vida profissional, muitas vezes o erro e o acerto vão depender de fatores externos e nem sempre controláveis por você, como a atuação de sua equipe, as condições da economia nacional ou até mesmo grandes impactos inesperados, como uma pandemia ou uma catástrofe climática. Todavia, há algo que depende única e exclusivamente de uma decisão pessoal sua: crescer. E, para tanto, é preciso saber lidar com o medo. Isso não significa ter a pretensão de eliminá-lo, já que é impossível; significa reduzir seus efeitos àquele mínimo que nos impeça, por exemplo, de cometer erros previamente anunciados. Saber a hora de entrar em ação, de executar, é uma habilidade emocional. Se não der esse passo, você não tem nada. Tire da cabeça tudo o que teima em lhe dizer que aquele objetivo não é para você – por exemplo, o fato de não ser rico. Nas classes sociais mais baixas, o impossível é o ponto de partida. Isso é compreensível; mas também é possível quebrar esse sistema. Tudo começa por meio da mentalidade.

Normalmente as pessoas travam pelo emocional e se deixam conduzir pelas crenças limitantes. Você precisa encontrar a sua motivação, isto é, o motivo que o leva a entrar em ação. Para isso, deve controlar suas emoções. A palavra "emoção" deriva do verbo latino *emovere*, que significa algo como "agitar, remover, mudar de lugar". No entanto, ouvimos, constantemente, que o tempo resolve tudo. Ora, o tempo não resolve nada; suas decisões, sim. Que tragédia é alguém que vive sem realizar, com um intenso medo de falhar! Você deve assumir o protagonismo de sua própria história. Existe um espaço preparado para que você se destaque nele. Caso não ocupe tal lugar, ele permanecerá vazio, e as pessoas, privadas de usufruir daquilo que você faria se estivesse ali. Tal papel na história estará desocupado, e o espetáculo, comprometido. Portanto, não fique parado. Saia da inércia e da passividade.

As circunstâncias e a realidade ao seu redor vão gritar aos seus ouvidos que você não é capaz, assim como gritavam com aquele garçom e aquele taxista, cujas ótimas ideias infelizmente nunca serão colocadas em prática, a menos que eles, como espero, tenham mudado de atitude. Crenças limitantes e padrões conhecidos de impossibilidade ou de escassez se apresentam a nós como uma fronteira, uma barreira. Mas lembre-se: suas maiores realizações estão atrás da barreira do medo. Se você foi capaz de sonhar e de ter uma ideia, é capaz de realizá-la. Há, em nossa vida, um choque permanente entre abundância e escassez, entre capacidades e incapacidades – e é nesse confronto que você precisa atuar, entrar em ação.

MUITAS VEZES, FICAMOS MUITO CONECTADOS AO QUE PODE DAR ERRADO, MAS NÃO AO QUE PODE DAR CERTO.

Inovação transcendente – **DANIEL CARDOSO**

VENCER O MEDO IMPLICA CONSTRUIR PONTES ENTRE O QUE É (A REALIDADE ATUAL) E O QUE SERÁ: AQUILO QUE SEREMOS E TEREMOS QUANDO NOSSO PROPÓSITO ESTIVER EM EXECUÇÃO.

Inovação transcendente – **DANIEL CARDOSO**

Perfeição X excelência

Se você, de fato, tem uma motivação para executar aquela ideia, não vai conseguir ficar apenas nas palavras; aquilo o moverá do seu lugar de acomodação. Você terá de se mexer, dando ouvidos àquelas vozes internas, oriundas do transcendente – como a de sua identidade, a de sua vocação e a de seu propósito. Essas vozes falarão por um lado; e, na outra extremidade, a voz do medo lhe dirá que você não pode, que o projeto vai falhar ou que não vale a pena correr o risco de tentar. Com efeito, muitas vezes ficamos extremamente conectados ao que pode dar errado, mas não ao que pode dar certo. Focamos o que não temos na mão rumo à realização do nosso sonho, em vez de reconhecer o que já temos, o que já recebemos – e é a partir daí que construiremos uma ponte entre o que é (a realidade atual) e o que será: aquilo que seremos e teremos quando nosso propósito estiver em execução. Lembre-se: só realizamos algo neste mundo a partir do que temos. As mentes de impossibilidade focam o que não se tem, enquanto a abundância direciona nosso olhar para o que temos, a partir do momento em que criamos algo a mais. Sempre tenha como ponto de partida o que você tem, e não o que não tem, sob pena de criar um ciclo de inatividade. Isso é o que nos leva à improdutividade, que é, por fim, o verdadeiro sinônimo de pobreza – não produzir.

Existe uma linha tênue entre a perfeição e a excelência. O perfeccionista é aquele que espera que todas as condições lhe sejam favoráveis e estejam perfeitamente alinhadas para só então entrar em ação. Convenhamos que essa conjunção de fatores dificilmente vai acontecer. Caso esse panorama não exista, o perfeccionista vai "travar". Já o excelente convive com as inconsistências, agindo para transformá-las. É o que se chama, no popular, de "dar a cara a tapa": se não está bom, é preciso agir, correr o risco e intervir para mudar aquela circunstância.

Crie ao redor de si um ambiente de possibilidades. Isso se concretiza quando usamos todos os recursos intelectuais e materiais que temos. Existem pequenos começos para todas as coisas, e é preciso estar atento a isso. Alexander Fleming só descobriu o uso farmacêutico do primeiro antibiótico da história depois de observar, por acaso, como o fungo *Penicillium* avançou sobre uma cultura de bactérias *Staphylococcus aureus* que ele analisava. Caso houvesse simplesmente descartado a amostra sem se deixar visitar pelo transcendente que lhe chamou a atenção para o fato, talvez a penicilina não fosse desenvolvida.

Você precisa começar, nem que seja do jeito mais simples possível. Lembre-se: todo edifício começou com um primeiro tijolo. Reduza o problema a pequenos passos e comece pequeno. Fazer pequeno não é feio nem falta de visão; é mandatório. A solução é dar um passo por vez, com leveza e sabedoria para reunir os recursos que você tem em prol do seu projeto, e em seguida conectar e agregar pessoas que possam contribuir para o seu sucesso. Nesse processo para vencer o medo, esteja sempre pronto para mudar, para gerenciar as rotas. Crie um ambiente de possibilidades e encontre o seu caminho. Ache maneiras de avançar, e não uma desculpa para parar!

Preste atenção: pessoas ricas têm um *mindset* de possibilidades, o que as leva a multiplicar o que possuem, simplesmente porque sempre creem que podem. Assim, geram para si aquele ambiente de possibilidades. Elas sabem que podem acessar recursos e pessoas capazes de fazer seu projeto avançar. Você também pode; apenas não sabe disso ainda.

AGIR COM CORAGEM É AQUILO QUE VOCÊ FAZ MESMO QUANDO SE SENTE ATEMORIZADO.

Inovação transcendente – **DANIEL CARDOSO**

SEMPRE TENHA COMO PONTO DE PARTIDA O QUE VOCÊ TEM, E NÃO O QUE NÃO TEM, SOB PENA DE CRIAR UM CICLO DE INATIVIDADE.

Pensamentos têm presença

Vencer o medo e colocar-se em ação é um exercício de muitas etapas, e uma delas é fugir dos ambientes de lamúria – a sua própria ou a de pessoas próximas. A lamentação é um pensamento poderoso, que contamina todos que o acessam. Saia de perto de pessoas negativas, inativas e improdutivas. Muitas vezes, essas pessoas podem se apresentar como suas amigas ou parceiras; mas, na verdade, qualquer pessoa ou coisa que atrapalhe o seu propósito é, na melhor das hipóteses, uma distração – e, na pior, uma oposição ao seu destino. Então, mova-se daí! Pensamentos têm presença. Não ande com quem pensa que "não dá"; caso contrário, em pouco tempo você estará repetindo a mesma lamúria. Antes, procure alguém que tem resultados na área em que você deseja crescer. Aproxime-se dessa pessoa e, se possível, seja influenciado por ela. Procure estar perto de quem já conquistou algo, não para se diminuir, mas para inspirar-se quanto às possibilidades que você tem e, muitas vezes, não percebe. Ao lado de vencedores, você terá a certeza, em sua mente e em seu coração, de que a vitória é possível, pois estará diante de alguém que já chegou lá.

Se você não mudar sua mente, nada mudará em sua vida, porque ela – a sua mente – é a sua realidade. Então, a questão toda se resume a uma escolha sua. Se acha que não dá, você está certo. Se, porém, acreditar que é possível, estará certo também. Muitos olham para fora e se atemorizam; outros olham para dentro de si e sabem que vai dar. Você nasceu para o sucesso. Nenhuma pessoa na face da Terra nasceu para falhar, naturalmente. Assim como uma semente existe para transformar-se em uma nova planta capaz de produzir outras sementes, e um pássaro existe para voar e alcançar outros espaços, você nasceu para dar certo. Portanto, faça este enorme favor a si mesmo: acesse a sua programação, o seu propósito, e seja quem o transcendente o convida a se tornar.

PONTO DE AÇÃO

Costuma-se dizer que o tempo resolve tudo. Ora, o tempo não resolve nada; suas decisões, sim. Que tragédia é alguém que vive sem realizar, com um intenso medo de falhar! Assuma o protagonismo de sua própria história. Existe um espaço preparado para que você se destaque nele. Caso não ocupe tal lugar, ele permanecerá vazio, e as pessoas serão privadas de usufruir aquilo que você faria se estivesse ali. Tal papel na história estará desocupado, e o espetáculo, comprometido. Portanto, não fique parado. Saia da inércia e da passividade.

VISÃO TRANSCENDENTE

Muitos podem se apresentar como seus amigos ou parceiros; mas, na verdade, qualquer pessoa ou coisa que atrapalhe o seu propósito é, na melhor das hipóteses, uma distração – e, na pior, uma oposição ao seu destino.

CAPÍTULO 11

SE FALHAR, FALHE RÁPIDO

NÃO É PRECISO CONSTRUIR O AVIÃO INTEIRO PARA SÓ DEPOIS PERCEBER QUE ELE É INCAPAZ DE DECOLAR

"AS FALHAS SÃO O COMBUSTÍVEL DO SUCESSO."

– **KAORU ISHIKAWA (1915–1989)**, especialista japonês em administração e controle de qualidade

Houve um tempo em que predominou, no mercado, o conceito do erro zero. Como o nome já diz, trata-se de uma concepção que busca a perfeição desde as primeiras etapas do processo produtivo. Esse conceito ganhou força nos anos 1980, a partir do lançamento de livros como *Quality is Free* (A qualidade é grátis), de Philip Bayard Crosby. A obra se tornou um clássico, vendeu milhões de exemplares e foi publicada em mais de dez idiomas. Empresário, palestrante e consultor de renome, Crosby defendia que a qualidade era uma estratégia organizacional que deveria ser inculcada na cultura das empresas – uma caçada quase obsessiva aos defeitos e às quebras de fluxo que prejudicam a produção, a partir do engajamento de todos e do foco permanente em fazer o melhor desde o início. Crosby partiu da constatação óbvia de que todo defeito tem um custo a ele associado, na forma da perda de recursos, tempo ou imagem corporativa (ou todas elas juntas).

Philip Crosby e outros autores da mesma linha, é inegável, prestaram grande contribuição às empresas no sentido de fomentar uma cultura de excelência em todas as etapas do trabalho. A partir disso, várias iniciativas tomaram corpo, como a melhoria contínua e os sistemas de interação com o consumidor, os famosos *call centers*, pelos quais o cliente passou a ter acesso direto ao fornecedor em suas demandas, reclamações e sugestões. Por outro lado, a noção do erro zero não é algo natural do processo criativo, sobretudo no que se refere à aplicação de ideias. O foco muda; as possibilidades se modificam; sempre existe um grau de incerteza que é inerente ao novo. Sem querer desmerecer o trabalho de Crosby e dos empreendedores de sua geração, hoje já entendemos que só não erra quem não faz nada.

De minha parte, prefiro substituir o conceito do erro zero pelo do "falhe rápido". Tudo que acontece tem a ver com sua época, e é importante você saber jogar com o novo. Erro zero foi uma concepção surgida nas linhas de montagem industriais em uma era pré-digital. Com etapas bem-estabelecidas e ações repetidas, ela faz sentido. Porém, criar algo que não existe não pode seguir uma linha de produção clara. Hoje em dia, as coisas não são repetidas: o advento da tecnologia proporciona um sem-número de possibilidades e interações no desenvolvimento de uma ideia, e os contextos nos quais aquela iniciativa é posta em prática também muda muito rápido.

Falhar rápido é bom e importante! Significa definir caminhos e testar métodos, experimentando diferentes pontos de vista sobre o mesmo projeto. A visita do transcendente ao imanente requer de nós a capacidade contínua de mudança e readaptação. Vimos, no capítulo anterior, o quanto as pessoas têm medo de errar – acontece que o erro, se bem administrado, é um fator de progresso e aperfeiçoamento das ideias.

O conceito de *fail fast* ("falhe rápido") tem estado presente em empreendimentos contemporâneos de sucesso. Foi o caso de Brian Chesky, cofundador e CEO do Airbnb. Antes de criá-lo, Chesky e sua equipe iniciaram um projeto chamado AirBed&Breakfast, em

2007. A ideia original era oferecer colchões infláveis em sua sala de estar, para pessoas que precisavam de acomodações temporárias. O conceito inicial não teve o sucesso esperado; então, Chesky e sua equipe perceberam que o modelo precisava ser ajustado. Em vez de desistir ante o primeiro insucesso, eles aplicaram a abordagem de *fail fast* à ideia: expandiram o conceito, transformando-o em uma plataforma online que permitia às pessoas alugar, para viajantes, espaços em suas casas. Assim, o Airbnb nasceu da lição aprendida a partir do insucesso do AirBed&Breakfast.

A capacidade de reconhecer rapidamente que a ideia original não estava ganhando tração e adaptar-se de maneira eficiente foi fundamental para o sucesso posterior do negócio. Hoje o Airbnb é uma das plataformas de hospedagem mais populares do mundo, conectando milhões de viajantes a anfitriões em todas as partes do planeta. Outro exemplo de empreendedor que incorporou o conceito de *fail fast* e transformou o fracasso em sucesso é Reid Hoffman, cofundador do LinkedIn. Antes de concebê-lo, Hoffman esteve envolvido, em 1997, na criação da startup SocialNet, uma plataforma que buscava conectar pessoas com interesses semelhantes. Ela, no entanto, não obteve o sucesso esperado e enfrentou desafios em atrair usuários. Em vez de persistirem em uma ideia que não estava decolando, Hoffman e sua equipe reconheceram rapidamente a necessidade de mudança e encerraram as operações da SocialNet.

A experiência serviu como lição valiosa para Hoffman. Ele aprendeu sobre a importância de entender as necessidades do público a quem visava e de ajustar rapidamente a estratégia, em resposta aos *feedbacks* e à evolução das condições do mercado. Posteriormente, Hoffman cofundou o LinkedIn, em 2002, focando a criação de uma rede profissional online. Dessa vez, a visão e a execução foram alinha-

O FOCO MUDA, AS POSSIBILIDADES SE MODIFICAM; SEMPRE EXISTE UM GRAU DE INCERTEZA QUE É INERENTE AO NOVO.

Inovação transcendente – **DANIEL CARDOSO**

das com as necessidades do mercado, e o LinkedIn tornou-se uma plataforma líder no mundo profissional, alcançando sucesso notável.

Casos como os de Brian Chesky e Reid Hoffman demonstram como a habilidade de aprender com o fracasso e "pivotar" rapidamente podem levar ao desenvolvimento de ideias de negócios mais bem-sucedidas. A abordagem *fail fast* foi fundamental para o sucesso subsequente do Airbnb e do LinkedIn. É que, na nova economia, você tem de falhar barato. Não é mais preciso construir o avião inteiro para só depois perceber que ele é incapaz de decolar; você deve validar cada passo e etapa, fazendo *com* as pessoas, e não somente *para* elas. Descubra o que não funciona aos poucos e o quanto antes, e corrija aquela rota. Não tenha medo de falhar; não receie entrar em execução. Cada falha é um passo a mais rumo à execução perfeita. Quando você falha, já sabe o que não dá certo e pode focar esforços em outro caminho. Repito: não tenha medo de falhar. A falha é amiga, e não inimiga. Todo sucesso é construído sobre o fracasso. Os judeus costumam dizer que o fracasso é o sucesso pelo avesso. Logo, se você tem um ou mais fracassos na mão, tem a matéria-prima do seu sucesso. Vire-o do avesso e faça acontecer!

O conceito de *fail fast* é uma abordagem estratégica adotada na criação de novos produtos, especialmente no contexto de startups e inovação. Essa filosofia preconiza a rápida identificação e aprendizado com falhas ou fracassos, a fim de iterar e aprimorar continuamente o produto ou a ideia. A ligação entre as falhas e o sucesso desejado está intrinsecamente relacionada à capacidade de adaptação, aprendizado e melhoria contínua. São características dessa abordagem:

- **Aprendizado iterativo.** O *fail fast* encoraja as equipes a experimentar rapidamente, implementar ideias no mercado e colher *feedback* real. As falhas são vistas como oportunidades valiosas de aprendizado, impulsionando a iteração contínua do produto com base nas experiências adquiridas.

- **Redução de riscos e custos.** Ao falharem rapidamente, as equipes conseguem identificar problemas e desafios potenciais em estágios iniciais do desenvolvimento. Isso reduz significativamente os riscos associados ao lançamento de um produto no mercado e minimiza custos associados a possíveis correções tardias.

- **Aprimoramento da estratégia.** As falhas fornecem *insights* valiosos sobre o mercado, as preferências dos usuários e a viabilidade do produto. Esse entendimento refinado permite que as equipes ajustem suas estratégias de maneira mais eficaz, aumentando as chances de sucesso nas iterações subsequentes.

- **Foco no valor do cliente.** Ao falharem rapidamente, as equipes podem se adaptar de acordo com as necessidades reais dos clientes. Isso promove uma mentalidade centrada no usuário, garantindo que o produto final atenda às suas expectativas e resolva efetivamente seus problemas.

- **Incentivo à inovação.** O *fail fast* cria um ambiente propício à inovação, encorajando a experimentação e a busca por soluções criativas. As falhas são vistas como parte do processo de inovação, e não como obstáculos intransponíveis.

- **Agilidade e flexibilidade.** Ao reconhecerem falhas rapidamente, as equipes podem ser mais ágeis e flexíveis em sua abordagem. Isso possibilita ajustes contínuos ao plano de desenvolvimento, respondendo eficientemente às mudanças, tanto no mercado quanto nas necessidades dos usuários.

- **Resiliência empresarial.** A aceitação proativa de falhas contribui para uma cultura de resiliência empresarial. As equipes aprendem a lidar com adversidades, a adaptar-se a mudanças e a desenvolver uma mentalidade de melhoria constante.

- **Iterações rápidas para o sucesso.** A ligação fundamental entre falhas e sucesso reside na capacidade de iterar rapidamente com base no aprendizado adquirido. Cada falha representa um passo em direção à melhoria, aproximando o produto do sucesso desejado.

"Falhar rápido" não apenas reconhece a inevitabilidade de falhas no processo de inovação, mas também as abraça como parte essencial do caminho para o sucesso. A habilidade de aprender rapidamente com falhas e aplicar esses aprendizados nas iterações subsequentes é fundamental para alcançar o sucesso almejado na criação de produtos e no desenvolvimento contínuo de ideias. Experimentar mais rápido e testar um caminho de forma mais ágil, validando ou descartando o que até ali foi tentado, faz todo o sentido. Antigamente, os problemas que surgiam no caminho eram deixados de lado ou simplesmente ignorados. Afinal, o público-alvo só veria o produto após anos de desenvolvimento. Então, se algo não funcionasse, já teriam sido gastos tempo e recurso demasiados com algo que não tinha aderência. Lembra-se do conceito do mínimo produto viável, o MVP? São versões do produto que cumprem todo o ciclo, mas não fazem tudo ao longo do processo; nada mais que versões preliminares, que podem ser utilizadas pelo consumidor e, ao mesmo tempo, ser aperfeiçoadas e evoluídas com os *feedbacks* e o engajamento desse público, desde que corretamente estimulado. E hoje, com as modernas ferramentas de comunicação em tempo real, isso é não apenas perfeitamente possível, como também absolutamente indispensável. Então, para falhar rápido, entregue pequenas versões do seu produto. Comece pequeno, até que ele se torne o grande projeto que você idealizou quando o transcendente tocou o seu imanente.

Mudança de rota

Hoje, diferentemente do passado, o cliente faz parte do produto. Foi-se o tempo em que o sujeito entrava na loja, comprava o que precisava e depois ia embora, para só retornar tempos depois, quando o produto adquirido se acabava. É a partir do *feedback* obtido com pesquisas de satisfação, análise de queixas e programas de incentivo premiado a sugestões que empresas aperfeiçoam seus produtos e melhoram a prestação de serviços. Podemos chamar isso de criação colaborativa. Antes você descobria, no final de um ciclo gigantesco, que aquilo que foi feito não era nada do que o cliente queria. O resultado era um enorme desperdício de tempo e recursos e, não raro, o fracasso daquele projeto. Agora, não – com a noção do erro rápido, o acompanhamento é contínuo. Com essa, digamos, "sintonia fina" com o consumidor, a falha ajuda a construir um caminho mais viável para seguir.

Muitas vezes, erramos por não querer mexer na ideia original, e isso por um apego sem sentido. Ideias nos visitam a todo o tempo, e cada uma delas é passível de melhorias, aperfeiçoamentos e, claro, mudanças de rumo. Como gestor de startups, tenho observado que as equipes podem ser tão absorvidas por uma ideia que não conseguem enxergar os *gaps* que ela tem. Como boa parte dos times é formada por jovens de enorme capacidade, mas pouca experiência; muitas vezes eles não conseguem ouvir quem lhes fale o óbvio, como que aquele produto que consideram genial pode ser maravilhoso, mas nunca vai dar dinheiro. Porém, uma mudança aqui e outra ali já podem torná-lo viável, e isso é errar rápido. É possível ter uma mina de ouro nas mãos e deixar que escape por entre os dedos por causa de um idealismo sem sentido. Perceba suas leituras erradas e mude a rota, rapidamente.

Certa ocasião, tivemos em um *batch* de aceleração de uma empresa de gerenciamento corporativo de benefícios. A ideia era genial, e a equipe envolvida, muito aplicada. Contudo, o modelo de negócios proposto mostrava que aquilo nunca daria dinheiro. Os idealizadores, todos bem jovens e entusiasmados, não conseguiam mudar a estratégia, ou seja, "pivotar" a ideia, justamente pelo fato de estarem muito apaixonados pelo modelo inicial que conceberam. Era "o filho deles", digamos assim – e filhos, para muitos pais, não têm defeitos. Com muito custo para dobrar a resistência da moçada, e sempre com base em dados e experiências, mostramos a eles uma ideia melhor na execução, sem deixar de lado a finalidade daquela startup. Foi a senha que desencadeou a noção de que, embora falha em sua concepção e inviável na execução, aquela ideia era, sim, um belo negócio em gestação, desde que suprida pelos elementos corretos. Foi uma falha rápida – e, quando houve a mudança, um horizonte muito mais promissor começou a aparecer!

Visando ajudá-lo, leitor, a implementar uma cultura de falha rápida, listo os passos a seguir:

- **Estabeleça métricas claras de sucesso.** Defina métricas específicas e mensuráveis que representem o sucesso do produto. Ter critérios claros ajuda a identificar rapidamente se o projeto está atingindo seus objetivos.

- **Realize testes-piloto iniciais.** Antes do lançamento completo, conduza testes-piloto limitados, para avaliar a recepção do produto. Isso permite identificar potenciais problemas e coletar *feedback* valioso antes de uma implementação em larga escala.

- **Esteja aberto ao *feedback* constante.** Cultive uma cultura de *feedback* contínuo. Encoraje os usuários a compartilharem suas experiências e opiniões, e esteja disposto a ouvir críticas construtivas.

- **Monitore indicadores de desempenho.** Utilize ferramentas analíticas para monitorar constantemente os indicadores-chave de desempenho (KPIs). Mudanças significativas nesses indicadores podem ser sinais precoces de problemas.

- **Estabeleça períodos de avaliação regular.** Agende revisões periódicas para avaliar o progresso do produto. Isso permite a identificação rápida de desvios em relação aos objetivos estabelecidos.

- **Encoraje a coleta de dados qualitativos.** Além de dados quantitativos, valorize as informações qualitativas. Pesquisas, entrevistas e análises de sentimentos podem revelar *insights* valiosos sobre a percepção do usuário.

- **Promova a transparência na comunicação.** Crie um ambiente em que a comunicação transparente sobre desafios e obstáculos seja incentivada. Isso permite que a equipe compartilhe preocupações e *insights* livremente.

- **Reconheça os sinais de alerta.** Esteja atento aos sinais de alerta, como queda acentuada no engajamento do usuário, *feedback* negativo consistente ou problemas técnicos recorrentes. Esses indicadores podem apontar para áreas que necessitam de atenção.

- **Estabeleça limites de investimento.** Defina limites claros para o investimento de recursos. Se o produto não estiver atingindo os resultados esperados dentro desses limites, esteja preparado para reavaliar sua viabilidade.

- **Adote uma mentalidade de aprendizado contínuo.** Encoraje a equipe a encarar os desafios como oportunidades de aprendizado. Uma mentalidade de aprendizado contínuo transforma as falhas em impulsos para aprimorar o produto.

- **Crie um plano de contingência.** Antecipe possíveis cenários adversos e desenvolva um plano de contingência. Estar preparado para mudar de rumo rapidamente é crucial para minimizar impactos negativos.

- **Promova a flexibilidade e a adaptabilidade.** Esteja disposto a ajustar a estratégia e a abordagem com base nos dados e no *feedback* recebido. A flexibilidade é essencial para a adaptação rápida a mudanças necessárias.

EXPERIMENTAR MAIS RÁPIDO E TESTAR UM CAMINHO DE FORMA MAIS ÁGIL, VALIDANDO OU DESCARTANDO O QUE ATÉ ALI FOI TENTADO, FAZ TODO O SENTIDO.

Inovação transcendente – DANIEL CARDOSO

Por outro lado, de nada adianta implementar a cultura de falha rápida em busca de mudanças significativas de seu produto sem cultivar determinadas disposições mentais que sustentem e impulsionem essa abordagem. Uma das principais características é a coragem para reconhecer a necessidade de mudança. Isso implica ser proativo na avaliação dos resultados do produto e tomar decisões acertadas, mesmo que isso signifique admitir que o caminho atual não está atingindo os objetivos desejados. Além disso, a aceitação da incerteza é fundamental. A inovação, muitas vezes, está associada à falta de certeza, portanto os líderes e membros da equipe precisam estar preparados para lidar com situações imprevisíveis. Os envolvidos devem compreender que as decisões podem demandar correção e ajustes, e isso é parte integrante do processo de experimentação e aprendizado contínuo.

A disposição para incentivar a criatividade e a inovação também desempenha um papel vital. Fomentar um ambiente que valorize ideias inovadoras e encoraje a exploração de novos caminhos contribui significativamente para a geração de soluções mais robustas. A compreensão da importância do aprendizado é um pilar essencial. Internalizar a ideia de que cada falha é, na verdade, uma oportunidade valiosa para aprender e crescer é uma das bases da mentalidade *fail fast*. Em vez de obstáculos, as falhas devem ser encaradas como catalisadores para o desenvolvimento de soluções mais eficientes e eficazes. Finalmente, a comunicação clara sobre as mudanças deve ser empregada para alinhar a equipe e os *stakeholders*. Transmitir as razões por trás das mudanças de forma transparente ajuda a criar um entendimento compartilhado e a obter apoio para os ajustes necessários no produto. Tenha a certeza: ao adotar disposições mentais e aplicá-las à sua prática, você pode implementar o *fail fast* de maneira eficaz, transformando as falhas em oportunidades para inovação e aprimoramento contínuo.

PONTO DE AÇÃO

De nada adianta implementar a cultura de falha rápida em busca de mudanças significativas de seu produto ou serviço sem cultivar disposições mentais que sustentem e impulsionem essa abordagem. Uma delas é a coragem para reconhecer a necessidade de mudança e tomar decisões acertadas, mesmo que isso signifique admitir que o caminho atual não está atingindo os objetivos desejados. A aceitação da incerteza também é fundamental. A inovação, muitas vezes, está associada à falta de certezas – portanto, os líderes e membros da equipe precisam estar preparados para lidar com situações imprevisíveis e compreender que decisões podem demandar correção e ajustes. Tudo é parte integrante do processo de experimentação e aprendizado contínuos.

VISÃO TRANSCENDENTE

É possível ter uma mina de ouro nas mãos e deixar que escape por entre os dedos por causa de um idealismo sem sentido. Perceba suas leituras erradas e mude de rota, rapidamente.

MUITAS VEZES, ERRAMOS POR NÃO QUERER MEXER NA IDEIA ORIGINAL, POR UM APEGO SEM SENTIDO.

Inovação transcendente – **DANIEL CARDOSO**

"FALHAR RÁPIDO" NÃO APENAS RECONHECE A INEVITABILIDADE DE FALHAS NO PROCESSO DE INOVAÇÃO, MAS TAMBÉM AS ABRAÇA COMO PARTE ESSENCIAL DO CAMINHO PARA O SUCESSO.

CAPÍTULO 12

NÃO DESISTA!

INSISTIR NA IDEIA É SER DILIGENTE PARA EXECUTÁ-LA DA MELHOR FORMA, ACHANDO OU CRIANDO OS CAMINHOS PARA QUE ELA POSSA VIR A NASCER

“

A VITALIDADE É DEMONSTRADA NÃO APENAS PELA PERSISTÊNCIA, MAS PELA CAPACIDADE DE COMEÇAR DE NOVO.

”

– **F. SCOTT FITZGERALD (1896–1940)**, célebre escritor americano

Não desista! É simples assim: se você foi visitado pelo transcendente, não desista da ideia que teve. Já vimos como as ideias, quando inseridas no mundo, têm o poder de transformá-lo. Você – e somente você! – a recebeu, e por isso tem a incumbência de fazê-la prosperar no mundo físico.

Antes de tudo, não seja preguiçoso. A indolência e a procrastinação são duas grandes inimigas das boas ideias. Não devemos confundir o bom e necessário período de repouso entre nossas atividades, preconizado até pela Bíblia Sagrada, com preguiça. A ideia genial que você teve hoje, se não realizada, será levada adiante por alguém. Um dia, você vai ver na televisão que alguém, lá na Ásia, fez exatamente aquilo que você pensou, ou encontrará na prateleira da loja de departamentos um aparelho "igualzinho" àquela ideia concebida em sua mente. As ideias nos visitam; mas, cabe a nós entrar em ação a partir delas.

Coloque sua ideia no mundo! Ninguém faz algo relevante sem antes percorrer um caminho, suar a camisa, enfrentar uma batalha. O maior adversário de nossas ideias somos nós mesmos, sempre que postergamos ou negligenciamos seu ingresso no mundo concreto. A ideia perde a razão de ser sem ação. Levar as ideias adiante é como uma gestação. Ao engravidar, a mulher passa por uma enorme transformação, e não necessariamente boa em sua totalidade. O peso aumenta, a mobilidade diminui, vêm os enjoos, surgem as limitações de esforço e acesso... Algumas vezes, problemas que põem em risco a saúde do feto e a da própria gestante têm de ser enfrentados. Depois, vem o parto, que envolve dores e desconfortos. Um esforço grande, mas que gera algo maravilhoso à frente – um filho! Portanto, não desista da sua ideia, mesmo que ela lhe custe sacrifícios, capacidade de adaptação e investimento de tempo, recursos e sonhos. O que não se pode é parar e abortar a ideia, pois quem desiste não tem acesso à recompensa.

Insistir na ideia é ser diligente para executá-la da melhor forma, encontrando ou criando os caminhos para que ela possa vir a nascer. Não estou preocupado com as dificuldades de colocar minha ideia em prática. Isso acontecerá naturalmente quando eu preparar o terreno para que ela seja semeada, germine, cresça e dê bons frutos. É preciso, ainda, traçar um bom plano de ação, ou seja, agir com previdência. De nada vale ter a melhor ideia do mundo e toda a disposição para colocá-la em prática se não criarmos as condições adequadas com trabalho, estudo, percepção das melhores oportunidades e planejamento de todas as suas etapas.

Planejar e executar

Nos evangelhos bíblicos, Jesus Cristo nos propõe duas parábolas para ilustrar a necessidade de cultivar bem as ideias e construir bases sólidas para sua execução. Uma delas é a do semeador. Conta o Mestre que um homem saiu a lançar sementes sobre a terra. O contexto dá a entender que ele não tinha condições de colocar todas no melhor terreno; então, simplesmente, tentou fazer o seu trabalho com o que tinha à mão. Uma parte das sementes caiu à beira do caminho e foi logo devorada pelos pássaros. Outra parte foi lançada em uma terra imprópria, sem profundidade. Elas até germinaram, mas suas raízes não tinham para onde se expandir, e as plantinhas morreram. Algumas sementes, por sua vez, alcançaram uma parte mais propícia do terreno, onde havia espaço para que crescessem. No entanto, ali havia espinheiros, que sufocaram as plantas e impediram seu crescimento. Finalmente, uma porção dos grãos lançados caiu em uma parte boa da terra, onde havia nutrientes, água e exposição solar suficientes para que germinassem, crescessem adequadamente e, no devido tempo, dessem frutos.

A outra parábola narrada por Jesus era sobre dois homens que construíram casas para si. Ambos fizeram o melhor que podiam, mas o primeiro escolheu um péssimo local: uma faixa de areia. Assim, a moradia construída ficou com as estruturas vulneráveis e, na primeira enxurrada, veio abaixo, porque não tinha base sólida. Já o outro construtor escolheu uma região rochosa para erguer sua casa. Firmemente apoiada na pedra, aquela residência durou muito tempo, permanecendo inabalável diante da chuva, do vento e do transbordamento dos rios.

Nas duas narrativas, a ênfase é nos resultados obtidos a partir da iniciativa. A do semeador nos alerta para os riscos de todo empreendimento. Nem sempre é possível, afinal, saber onde nossas sementes cairão; contudo, cabe a nós a diligência de semear sempre, trazendo as ideias à existência, a fim de que parte daquilo que fazemos alcance bons resultados. Já a história das duas casas diz respeito, objetivamente, à nossa ação direta na busca pelos resultados. Havia a rocha e havia a areia; então, os dois construtores podiam escolher onde erguer suas casas. Um deles visou apenas ao objetivo imediato: o que lhe importava era ter a casa pronta, fosse qual fosse sua localização. Já o

O IDEAL É EXECUTAR
AS NOSSAS PRÓPRIAS
IDEIAS, E NÃO TRABALHAR
REALIZANDO AS DOS OUTROS.

Inovação transcendente – **DANIEL CARDOSO**

outro ponderou no longo prazo, levou em conta a possibilidade de sinistros e se preparou adequadamente para viver ali por muito tempo.

Que tal aplainar o terreno para que nossas ideias possam germinar, crescer e promover a transformação de que são potencialmente capazes? Muita gente para quando, na verdade, deveria estar em cima de um trator, trabalhando o local onde pretende semear ou construir. Somos transformadores, e não conformadores. Criar algo inovador pode não ser fácil; portanto, seja realista e não romantize as dificuldades, minimizando-as de maneira irresponsável ou fazendo delas gigantes que não são. Se você foi visitado pela transcendência com uma ideia extraordinária, isso significa que é capaz de superar os problemas ao longo do percurso e executá-la. As dificuldades terão que se dobrar às soluções que você carrega!

Trabalhar com inovação pode não fazer de você milionário, mas certamente será recompensador. Algumas pessoas vão transformar o mundo inteiro com suas ideias – e você pode ser uma delas! Porém, não desanime se aquilo que pensou em fazer tiver um alcance menor do que parecia capaz de alcançar quando concebido. Ainda que você melhore apenas a qualidade de vida de sua comunidade ou os processos produtivos de sua empresa, sem que isso tenha efeitos fora de seu bairro, sua cidade ou seu país, haverá recompensa para o que fez!

Você vai encontrar sua própria medida de sucesso, controlando o seu próprio reinado – e ser feliz é estar em uma posição que lhe traga realização, significado e satisfação. Essa noção é muito pessoal, pois o que cada um entende por sucesso varia bastante. No passado, havia os reinos, dominados por um monarca. Mas aquela não era a única forma de poder. Abaixo dos reis, os duques governavam porções menores do território – os ducados. Estes, por sua vez, eram formados por unidades menores, onde a autoridade era exercida pelos barões. Claro que um rei tinha mais poder do que um duque ou um barão;

mas estes também, ao seu modo, dominavam algo. Cada um tem um território que será seu, e dele vai tirar sua recompensa. Quanto maior o impacto da sua ideia, maior será a recompensa. Todavia, tenha o tamanho que tiver, ela será uma recompensa. A *sua* recompensa!

Saiba que toda ideia tem um tempo de maturação. Por melhor que seja, aquilo que você pensou em fazer tem um tempo próprio, um período de potencial realização. Só que as ideias nunca realizadas envelhecem e morrem. Muitas vezes, em minha carreira, pensei em desistir. Fui visitado pelo desânimo diante de impossibilidades, tanto as reais como as criadas pela minha mente: "Estou há tanto tempo tentando, sem nenhum resultado"; ou "Por mais que me esforce e trabalhe, ainda não tenho a liberdade financeira com que sonho". Quando montei a primeira empresa na área de tecnologia e ela começou a ser bem-sucedida, a visibilidade de meu próprio negócio e minha imagem como empreendedor cresceram. Com isso, comecei a receber convites de outros gestores. Eles começaram a me fazer propostas tentadoras. Mas vivo por *propósito*, e não por *proposta*! Em uma delas, me propuseram, para ser diretor em outro grupo, um salário quatro vezes maior do que a renda que tirava na minha empresa. Confesso que cheguei a "ficar balançado", como se diz; porém, resisti. Sabia que realizar minhas próprias ideias, em um negócio gerido por mim mesmo, seria mais recompensador.

Leva-se tempo para cultivar as ideias e realizar sonhos. Atletas olímpicos que sobem ao topo do pódio chegam ali após anos e anos de dedicação quase exclusiva aos treinamentos... por vezes, desde a infância. Os maiores empresários e industriais do mundo construíram seus impérios corporativos após décadas de trabalho, capacidade gestora e superação de crises. Artistas como músicos, pintores ou poetas reconhecidos mundialmente só chegaram a tal condição após dedicar todos os esforços ao desenvolvimento de seu talento. Quase sempre,

essas figuras de proa em suas atividades lutaram no mais completo anonimato e só começaram a ser notadas quando os resultados apareceram.

Outra verdade bíblica que norteia minha vida é a de que tudo aquilo que o homem semear, isso ele ceifará. Quero executar as minhas próprias ideias, não trabalhar realizando as ideias dos outros. E não há nada de errado em fazer isso, claro! Porém, ao somente realizar a ideia dos outros, você estará sujeito a, no futuro, ver o campo de outra pessoa cheio de frutos produzidos com o seu esforço e trabalho, enquanto você comerá apenas uma pequena parte deles.

PONTO DE AÇÃO

Coloque sua ideia no mundo! Ninguém faz algo relevante sem antes percorrer um caminho, suar a camisa, enfrentar uma batalha. O maior adversário de nossas ideias somos nós mesmos, quando postergamos ou negligenciamos seu ingresso no mundo concreto.

VISÃO TRANSCENDENTE

De nada vale ter a melhor ideia do mundo e toda a disposição para colocá-la em prática se não criarmos as condições adequadas, com trabalho, estudo, percepção das melhores oportunidades e planejamento de todas as suas etapas.

QUE TAL APLAINAR O TERRENO PARA QUE AS SUAS IDEIAS POSSAM GERMINAR, CRESCER E PROMOVER A TRANSFORMAÇÃO DE QUE SÃO POTENCIALMENTE CAPAZES?

Inovação transcendente – **DANIEL CARDOSO**

ALGUMAS PESSOAS VÃO TRANSFORMAR O MUNDO INTEIRO COM SUAS IDEIAS. PORÉM, NÃO DESANIME SE AQUILO QUE PENSOU EM FAZER TIVER UM ALCANCE MENOR – AINDA ASSIM, SERÁ RECOMPENSADOR.

Inovação transcendente – **DANIEL CARDOSO**

CAPÍTULO 13

DESCUBRA A GRANDEZA EM VOCÊ

DEIXE SUA IMANÊNCIA SER TOCADA PELA TRANSCENDÊNCIA E TRANSFORME O MUNDO COM SUAS IDEIAS!

“

PENSAR FAZ A GRANDEZA DO HOMEM.

”

– **BLAISE PASCAL**, físico, inventor e filósofo francês do século 17

Aquilo em que você crê se materializa. E, se você acha que é muito grande para você, está certíssimo… Você realmente não vai dar conta. Mas, se crê que pode, está mais certo ainda.

Há duas décadas, a trilogia cinematográfica *Matrix* fez enorme sucesso com sua ficção científica tecnológica e cheia de referências filosóficas. A base é a construção de uma realidade a partir de intenções e inclinações de nossa mente. Na obra, tudo que acontecia no mundo natural veio de algo intencional daquela matriz. De maneira análoga, acredito que o transcendente se conecta ao mundo físico por meio de pensamentos, mensagens e ideias – positivos ou negativos – que recebemos e concebemos diariamente. Existem forças transcendentes trazendo coisas para o mundo físico. A transcendência toca a imanência e cria realidades a partir de nossas ideias. Essa é a convicção que me levou a escrever este livro.

Existem ideias de todo tipo, e elas fluem o tempo todo. Perceba que até mesmo pessoas que vivem em épocas, contextos e culturas completamente diferentes têm as mesmas ideias. Isso é impressionante! O transcendente acessa mentes, enxertando ideias poderosas que podem transformar o mundo.

O que será feito com essas ideias é a questão crucial. A execução é a chave. Uma ideia executada foi o que fez com que tudo que há hoje no mundo viesse a existir. Você já parou para pensar que está imerso na ideia que alguém, um dia, teve? Por exemplo, o edifício de apartamentos onde você vive. Antes de existir no mundo físico, ele foi concebido na cabeça do empreendedor que o idealizou. Dali em diante, foi projetado a partir de ideias de engenheiros e arquitetos e, em seguida, executado por uma enorme variedade de trabalhadores – operários, transportadores, gerentes, apontadores, prestadores de serviços. Cada um, a seu modo, colaborou para que o seu apartamento pudesse existir. Hoje, portanto, você vive, de certo modo, na ideia que surgiu na cabeça de alguém que, muito provavelmente, você jamais conhecerá pessoalmente.

Você pode usar as ideias e vivenciá-las. Isso tudo muda o mundo. Eu encontro muita gente e gosto de conversar com pessoas mais humildes do ponto de vista social ou acadêmico. Identifico-me com gente assim! Falo que sou empresário de tecnologia, e todo mundo tem curiosidade. Muitas vezes, essas pessoas já têm uma ideia sobre algo que fazem ou sonham fazer. Porém, quando as questiono sobre por que não põem suas ideias em prática, normalmente ouço referências a pensamentos paralisantes. E o detalhe é que, muitas vezes, são ideias geniais! A maior parte dessas pessoas não entende que aquilo que conceberam na mente pode ser uma ferramenta, um produto ou uma ação surgida daquela ideia que mudaria o mundo.

Acredito no que chamo de *frequência dos céus*. Deus não faz nada na Terra depois de criá-la, diretamente. Este mundo, com tudo que nele foi criado, foi entregue aos homens – e tudo aquilo que Deus faz, hoje, necessita de alguém para ser instrumento. Deus influencia a existência por meio do ser humano. A mente de cada ser humano é uma porta para que algo aconteça no mundo. Deus é a inspiração. Ele sempre é! As pessoas são visitadas por Deus, recebendo ideias; mas, muitas vezes, nós, os humanos, calamos as enormes e infinitas possibilidades que aquelas ideias têm, escolhendo viver *uma proposta*, e não *o propósito*.

Mark Twain já disse que há dois principais dias: aquele em que nascemos e aquele em que descobrimos por que nascemos. Portanto, descubra o seu propósito! É nele que tudo se alinha. Essa é a sua vocação: a voz que nos põe em ação. A visitação do transcendente nos impulsiona a realizar algo. Essas são as ideias: as vozes dentro de nós. Nunca se esqueça: ideias são vozes. Quais são as vozes que clamam dentro de você, pedindo passagem para surgirem no mundo real?

Minha motivação, com o livro *Inovação transcendente*, é transmitir uma mensagem, propagar uma ideia. Esta obra sugere a você palavras, para que se traduzam em intenções. O livro vem como uma forma de alcançar mais gente. É uma maneira de a mensagem que tenho divulgado seguir adiante, sem precisar que eu vá, pessoalmente, ao encontro de cada leitor – e esse é um ponto importante para mim: a mensagem precisa existir sem precisar de mim. Este livro chegará a lugares aos quais jamais conseguirei ir. A palavra impressa tem o poder de propagar a mensagem que tenho recebido do transcendente.

Não se esqueça de que você é único. Ninguém, no mundo, tem o seu jeito de ser; e existe algo dentro de você que é a solução para o mundo. O transcendente vem ao mundo físico para trazer soluções – e o mundo físico tem dilemas, que podem cair por terra à medida que as pessoas se alinham a um propósito de vida e vão construindo soluções.

Sim, existe uma recompensa que é só sua! As pessoas e o mundo aguardam para saber a grandeza que existe dentro de você. Você nasceu para dar certo! Você está neste mundo por um motivo, e colocar esse motivo em ação, por meio de suas ideias, vai valer a pena. Toda a existência ganha quando o seu propósito se manifesta. Portanto, não desista! Deixe sua imanência ser tocada pela transcendência e transforme o mundo com suas ideias!

PONTO DE AÇÃO

Deus não faz nada diretamente na Terra. Este mundo, com tudo o que nele foi criado, foi entregue aos homens – e tudo aquilo que Deus faz, hoje, necessita de alguém para ser instrumento. O Criador influencia a existência por meio do ser humano. A mente de cada ser humano é uma porta para que algo aconteça no mundo. Deus é a inspiração. Ele sempre é! As pessoas são visitadas por Deus, recebendo ideias; mas, muitas vezes, nós, os humanos, calamos as enormes e infinitas possibilidades que aquelas ideias têm, escolhendo viver *uma proposta*, e não *o propósito*. Portanto, descubra o seu propósito, pois é nele que tudo vai se alinhar.

VISÃO TRANSCENDENTE

Você nasceu para dar certo. Você está neste mundo por um motivo, e colocar esse motivo em ação, por meio de suas ideias, vai valer a pena!

A TRANSCENDÊNCIA QUE TOCA A IMANÊNCIA E CRIA REALIDADES A PARTIR DE NOSSAS IDEIAS É UMA CONVICÇÃO QUE ME LEVOU A ESCREVER ESTE LIVRO.

Inovação transcendente – **DANIEL CARDOSO**